JN440008

아버지 집은
따뜻했네

아버지 집은 따뜻했네

초판 1쇄 인쇄 2016년 6월 30일
지은이 석정희
펴낸이 이승훈
펴낸곳 해드림출판사
주　소 서울 영등포구 경인로 82길 3-4(문래동1가 39)
센터플러스빌딩 1004호(우편 07371)
전 화 02-2612-5552
팩 스 02-2688-5568
E-mail jlee5059@hanmail.net

등록번호 제87-2007-000011호
등록일자 2007년 5월 4일

* 책값은 표지에 있습니다
* 잘못된 책은 바꿔드립니다

ISBN 979-11-5634-147-5

蘭石

내 호를 蘭石이라 함은?

봄의 난의 향기로운 향 맡기 좋을

主後二〇〇一年 六月 一日

於 羅城一隅 에서 蘭石 書

자칫 잃어버릴까
잊힐까 조바심치며

어머니 품속 같던 모국을 떠나 먼 바다 건너 모진 비바람 속 견디며 뿌리 내리려 버티고 살면서 하염없이 지나간 세월에 새삼 놀랍기만 합니다.

지난 세월 동안 자칫 잃어버릴까 잊힐까 조바심치며 마음속에 지니고 있던 모국어와 고국의 정서를 간직하려는 수단으로 쓰기 시작한 시들을 모아 3권의 모국어와 1권의 영문판으로 냈었습니다.

뒤돌아보니 부끄러움조차 뻔뻔함으로 버티며 견뎌온 날들만 역력하여 그 부끄럼 앞에 다시 서게 됩니다.

어릴 적 외갓집에 갔을 때 할머니께서 옥수수를 따면서 좋은 것만을 골라 처마 끝에 매달으시며 씨옥수수라 하시던 일과 덤불을 헤치며 주워 담는 밤톨 하나하나 정성스레 고르시던 기억을 머릿속에 되살리어

모국어로 묶어진 3권의 시집에 실렸던 2백 5십여 편 시들 중에서 씨옥수수와 알밤을 고르시던 할머니의 마음을 빌어 따로 묶었습니다.

일에 쫓기고 짧은 연륜에 미숙함이 느껴지지만, 그 시절 따기만 하고 주워 모으기만 해도 행복했던 추억을 생각하며 이민생활에서 얻어진 시편들 가운데 나름 가려내어 앞으로의 이정표로 삼고자 했습니다.

곁에서 묵묵히 격려해 준 동반과 가정을 이루어 네 식구가 된 사랑하는 딸 자연이 그리고 이승하 교수님과 해드림출판사 이승훈 대표님께 깊은 감사의 마음 전합니다.

2016년 5월 아리조나에서

석정희

목차

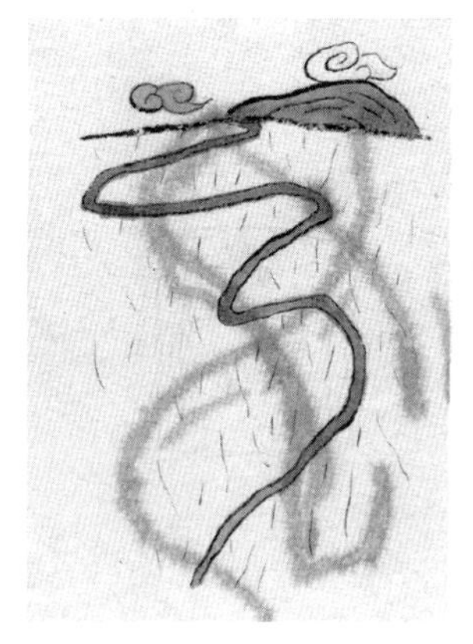

2

길 위에 쓰는 편지

3

엄마 되어 엄마에게

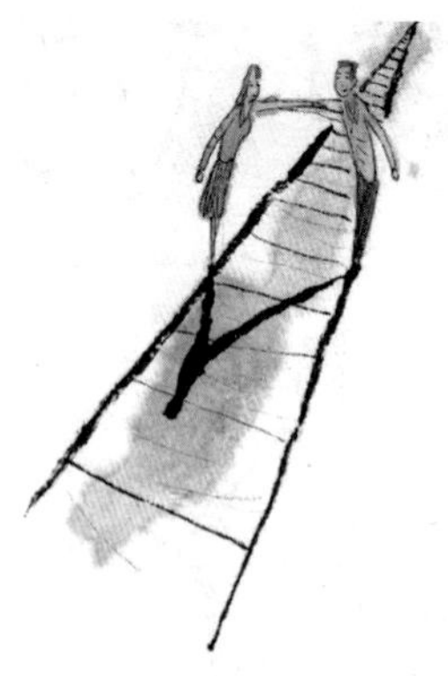

4

녹로
위의
흙 한 덩이

5

나는 아직도 꿈에 만원 버스를 탄다

6

소나기 내리는 사막 길에서

1.

아버지
집은
따뜻했네

길

길은 길로 이어진다
외길로나 샛길로는
갈 길 아니며
지름길은 바른길이 아니다
막다른 길로는 들어서지 말며
곧게 뻗은 길로
올바르게 갈 길이다

길은
산을 안고
강을 거느리며
놓여 있다
어질게 감싸는 산과
슬기로 다듬는 강
어울린 그 길엔
참사랑이 있다

길에는
선함이 가고 악이 지나며
사랑도 미움도 간다
모두가 제 갈 길 간다지만
길이요 진리요 생명이신
이 발걸음을 따르는 길이
참 길이다

새벽을 기다리며

어둠 짓누르는 밤엔
흰 눈도 빛을 잃고
별도 가려 보이지 않네

문득 들리는 소리
깨어 있어라 깨어 있어라
가슴에 울려 와

일어나 가다듬는 언저리
감싸는 어둠에 갈 길이 묻혀
두려움에 끌려가는 길

부딪히고 넘어지며
빛 돋아 오는 곳 찾아
무릎으로 헤매며 가다가

엎디어 드리는 기도 끝에
빛을 주시는 그 님
가는 길에 흰 양탄자 깔아주시고

삶에서나 꿈에서라도
그 길로만 가라 이르시어
새벽 기다려 운다

문 앞에서

나 여기 있습니다

거리의 먼지 뒤집어쓰고
돌아온
나 여기 있습니다

기다리시는 그림자
창에 비쳐
잰걸음으로 왔습니다

떠돌던 먼 나라의 설움에
눈물 섞어 안고
나 여기 와 있습니다

어둠 속 머언 발치서
아직 꺼지지 않은
불빛을 따라

나 여기 와 있습니다

빗장을 풀고

_이렇게 살고 싶어

이제는 빗장을 풀겠습니다

어둡고 험한 세상 살면서
가리고 잠갔던
마음의 빗장을 풀겠습니다

언제나 함께하시는 님
늘 곁에 계셔
산 설고 물선 곳도
평안히 나서겠습니다

두려움으로 의심하던 마음
지워버리고
믿고 의지하며 님을 따르겠습니다

이제는 마음의 빗장을 풀고
님의 손에 붙들려 가는
그 길로만 나서겠습니다

아버지 집은 따뜻했네

겨울이 오고 있다

L.A. 다운타운
브로드웨이 거리의 밤
고층빌딩 벽을 기댄
냉장고 비인 상자 집들 들어선다
갖은 영화와 수난
신문지 깔고 누운 노숙자들
잠이 들면 옛꿈이 보일까
어제의 풋 돈냥
회개의 씨앗 되어 터 오르고
울을 넘던 웃음소리
가슴에 여울져
아버지 집은 따뜻했는데
돌이키는 귓가에 울리는 새벽 종소리
거리의 교회에서의 아침
샌드위치에 목이 멘다

하룻밤 집이 된 상자 위 모서리에
누가 붙였을까 노란 리본 하나
기다리는 아버지 마음 되어
햇살로 번져가고 있다

겨울 걱정이 쌓인다

골짜기를 생명수로 채우시는

갈망하던 단비
새벽을 적시는 시간
가슴 깊은 곳에서
우러나 번지는 기도
당연한 감사의 마음입니다

겨울 지낸
벗은 나무에 싹이 돋고
꽃이 피어남도
당신의 은혜가 아니고서야
이루어질 수 없음을 압니다

한여름에 지쳤던
몸과 마음에
풍성한 열매 맺어 담아 주심도
값없이 주시는 당신의
선물인 것을 깨닫습니다

평생을 사는 동안
피고 지고 열매 맺고
울다 웃고 슬퍼하다 기뻐함도
당신 주시는 은혜이심을
깊이 새기게 하심을 감사드립니다

통회의 아픔 치유의 기쁨으로
베푸시는 당신
마른 골짜기를 넘치게 채우시니
평생을 다하기까지 의지할 뿐
이 믿음 한눈팔지 않겠습니다

아마 거기에

저 하늘엔 정말 나의 별도
분명 있는 것일까
어두운 밤 유리창에 얼비치는 빛들
창을 열면 무수한 별들이
이름 갖기를 기다려
나요 나요 손짓하듯
내 어두운 가슴 파고드는
새파랗게 빛 밝히는 별들
그 많은 별들 가운데
분명 내 별도 빛나고 있고
내 마음의 이끌림을 받아
밝은 불빛 지피고
아마 거기에 당신이 계시어
이 땅에서 하루가 시작되고
또 끝나는 그 사이 사이에
당신이 계시고
강물이 흐르고 바람 부는
그곳 저 강변에도
아마 내보이지 않는 별 같은
당신이 숨어계실 것이다

그 사흘 뒤

여인들 돌아와 돌문 앞에 서
그 사흘 전에 있었던 일들 새기고 있습니다

앉은뱅이가 서고 장님이 눈 뜨며
죽었던 사람 살아난 기적을 기다립니다

피와 물로 적신 십자가의
아픔도 슬픔도 그 억울함도
들어내지 않은 마지막 얼굴

몰려오던 구름 천둥 번개에
해가 빛을 잃고 세상 어둠에 잠겨
땅이 갈라지며 고개 숙여 가신 길

그 사흘 뒤 어둠과 죽음의 그늘 벗기고
빛으로 온 누리 채우며 되돌아오신
진리와 생명의 길 끝없이 뻗어있습니다
사월을 딛고 오시는 숨결 산에도 들에도 가득합니다

결코 숨길 수 없는
신비를 안고 부활하신 그 사흘 뒤의 승리
온 정성 다해 불을 밝힙니다
어둠 사르며 찾아오시는 님을 맞으렵니다

아픔이 기도되어

당신을 만나고서
아픔이 기도로 바뀌었습니다

바다 앞에 서 있어도
넓은 줄 모르고

산을 향해 걸으며
높은 줄 몰랐던

겁 없던 내 여정에
몰아닥친 회오리

바다는 온통 풍랑이 되고
산은 장벽이 되어 가로막습니다

자유로이 하늘을 나는
작은 새 한 마리

이름 없이 피어 있는
길가의 풀꽃들도

그렇게 귀한 것을
이제야 깨닫습니다

이 아픔 기도로 들으사
은혜 내리실 주님

작은 새 한 마리, 풀꽃 한 송이로
주님 기려 살게 이끄소서

여심女心

비우게 하소서
내 안의 모든 것들을
비우게 하소서
모두가 타고난 본능이라 할지라도
가슴을 비워 되돌리고
돌아서게 하소서

채워 주소서
밤새 맺힌 이슬 모아
채워 주소서
비인 가슴 철철 넘치도록 채우사
흘러넘치는 강물 되어
사랑을 싣고 가게 하소서

사랑하게 하소서
메마른 땅에 뿌려진
씨앗에도 내리는 단비 되어
꽃 피우게 하소서
그 향기 하늘 채우고
사랑 안은 강 바다 되게 하소서

이 가을엔

이 가을엔 이런 노래를 부르게 하소서
한 해의 소망이 여문 뒤
그 열매 한 바구니 가득 채워
동네를 돌며 나누고
기쁨에 찬 노래를 합창케 하소서
합창하는 무리 속에 어울려
뜨겁던 태양 거칠던 바람도 기억하며
목 타던 가뭄 끝에 내리시던 빗줄기
축복의 눈물로 쏟게 하소서
넓은 들에 가득한 곡식
나무마다 곱게 영근 열매
가렸던 푸른 치마 벗어 내리고
온몸으로 하늘을 두르고 선
그림을 주신 이 앞에
감사의 잔을 바치게 하소서
이윽고 그 푸르던 하늘 내려앉고
빈 들에 어둠이 쌓일 때
낙엽을 밟고 서서 축복과 감사보다
늦은 회개의 깨달음 고하며
엎드려 기도하게 하소서
흰 눈 내린 새벽길 하얀 융단을 밟고
종소리 울리는 성당으로
발길 옮기는 꿈 있게 하소서

가을 기원

가을에는 새소리도
강물도 맑아집니다
파란 하늘 채우는
새소리에는 방울이 달리고
강물은 유리알 부딪치듯
반짝이며 흘러갑니다
지난여름 거세던 비바람
뜨거운 햇볕에 절은 옷
새 옷으로 갈아입고
속에 담은 슬픔과 괴롬
깊숙한 강심에 잠재워
이 가을엔
어린 양 같은 발걸음으로
맑은 마음 바다에 닿아
떠오르는 햇빛으로
물들여 주십시오
새소리 되어 파란 하늘 채워
영육의 실한 열매 거두게 하소서

추수할 수 없는 열매
_세월의 등을 타고

∙
∙
∙

더러는 새벽에 무릎 꿇고
모은 두 손 사이에 머무는 듯하다가

우레 짓고 천지 흔들어
찬란한 봄날의 촉을 세우며

덧없이 흐르는 강물 타고
얼음 속에 머물며 기다리다가도

밀리지도 따르지도 않고
매듭과 매듭으로 엮어져 가는

그물로도 걸러낼 수 없는
어제와 오늘에서 이어지는

내일은 또 새로운
마디마디마다에 피워낼

사랑과 미움의 가지에
열려있는 추수할 수 없는 열매

쌓여져 가는 저 산 너머에
하늘이 열려 지금은 씨를 뿌린다

이 가을의 기도

모두들 돌아가고 있습니다
알몸이 되어서도 부끄럼 없이
왔던 자리로 돌아가고들 있습니다
가는 길 아쉬워 낙엽은 하늘을 젓고
산에서 흘러내린 강물도 구름으로 피어
모두가 떠났던 자리로 돌아가고 있습니다
세월을 타고 맺힌 결실이며
강물에 흘러 이룬 소망도
모두가 은혜 베푸신 님에게로
기도가 되어 돌아가고 있습니다
무슨 말로 님을 우러르며
어떤 몸짓으로 감사의 뜻을 표할 수 있겠습니까
이제는 이 세상일 모두 떨쳐버리고
님에게로 돌아가 님의 곁에만 머물며
오직 감사함을 드리는
이 가을의 기도가 간절하게 하소서

바위가 되어 서서

폭풍 몰아치는 날
칠흑의 밤에도
바다가 칼날이 되어
몸을 부수려 해도
좌로나 우로 치우치지 않는
바위가 되어 서서
풍랑이 남긴 상처
낱낱이 드러내
님 앞에 두 손 높이 듭니다
파도가 들끓어
날카로운 가시 되어
몸을 감는 가시덤불
어찌 십자가 못 자국에 비길까
땅이 갈라지는 아픔
바다가 부서져 밀려와도
바위가 되어 서서
님의 손길 기다리는 마음
믿음일 뿐입니다

새벽 별을 따라 살며

_교회와 민족을 위해

하늘 열려 땅 펼쳐지고
먼저 아침이 왔습니다
그 날이 쌓여 오늘이 되며
하루하루가 안개에 묻혔다

햇빛 나며 구름 덮이고
바람 일어 비 내리는
한 치 앞도 모르고 살았습니다

땅에 씨 뿌려 거두게 하시고
비바람 막는 장막 주심도 모르게
이 세상에 있게 하심도 잊고
포만과 환락, 교만과 쟁투로
치닫는 걸음이었습니다

그 발에 착고를 채우시고
사랑의 담금질로
먹고 마시고 취해 춤추던 무리를
골고다로 모이게 하시고
말씀의 반석 위에 세워
형제를 돌아보게 하시며
사랑의 융단 위에
꽃을 수놓으라 가르치셨습니다

다시 살아야 갈 수 있는 나라
흑암을 떨치고 일어나
새벽 별 하나 바라며 살라
인도 하셨습니다

우리 손에 손잡고 마음 모아
동토와 오지에도 말씀 전하며
님 가신 길 따라 힘차게 삽시다

호흡과 신음으로 이어져도

당신에게로 가는 길이
호흡과 신음으로 이어져도
당신을 향해서만 가겠습니다

산과 바다 가로막아
갈길 끊기면
당신 이름 부르겠습니다

끝없는 길이 되고
목이 타는 사막이어도
낯선 그늘에선 쉬지 않겠습니다

어둡고 서릿바람 몰아쳐도
새벽을 기다려
날 안으실 당신 앞에 엎드리겠습니다

이윽고 안으신 따뜻한 품속에
회한과 고난을 묻은 기쁨
찬송 드리겠습니다

돌멩이 걷어차며

_질투의 의상

이러지 말아야지
이러지 말아야지 하면 할수록
속 터지고 분통이 솟는 것을
어찌하면 좋을까
까내어 뒤집어 보일 수도 없는 가슴 터진다
그 생각들 시샘이라 여겨져
왜 미움받아야 하고 어찌 싫은 것이냐
물어보고도 싫어지는 마음 서글프다
이 고비 그 고개 넘으면
시원한 바람 만날 수 있다면
스스로 기다리며 갈 수 있으련만
갈수록 고비가 험하고 고개가 높아
꿈결에도 몸서리쳐지는
그 질시가 나만의 생각이라고
달래며 오늘을 열지만
갈수록 발부리에 채이는
터무니없는 재단으로 만들어진
옷을 입힌 허수아비를 꾸며 가는
그들을 위해 기도해야지
마음 다잡고 소녀 시절 장난기 들어내
그 잔 돌멩이 걷어차며
산을 옮기신 그 님 앞에
간절한 기도 드려야지 다짐한다

고맙고 고마운 세상일

_감사하는 마음으로

맑은 아침 새 소리
시원한 바람 타고
가슴 깊이 스며들어
말씀으로 살아가게
밝은 두 귀 주신
은혜가 고맙고

꽃잎엔 이슬
내 눈엔 눈물
이슬방울 영롱함 같이
내 눈물 가여워하실
맑은 두 눈 주신
은혜가 고맙고

미련하고 어리석은 마음
말씀으로 채우셔서
깨닫고 깨우쳐
사랑으로 어울리고
올곧게 인도 하시며
찬양케 하심 고맙고

꽃 가득한 뜨락에
향기 넘쳐 벌나비 날아들어
가진 것 없어도
여러 이웃 이끌어 주시는
코가 벙싯 웃음 넘쳐나는
은혜가 고맙고

어둡다 생각 않고
험하다 여기잖게
빛으로 이끄시며
푸른 초장에 먹이시는
세상일에 감사하게
그 은혜 고맙고 고마운…

맑은 눈으로 하늘을 보면

파란 보료 위
달과 별 품은 하늘
보라색으로 번지면
부시게 안겨 오던 빛살
세상 가득 환하게
모든 것 비춰내
호수를 담아내던
눈빛 더욱 맑다
세상을 보는 눈
열면 가득 차는 맑음
어둠을 씻어내는 사이
꽃향기 가득하여
절실한 환희로 머문다
가리어진 것조차 아름다운
맑은 날 시집을 펴고
창가에 서면 꽃잎 분분히
바람 타고 올라
하늘 가득 채운다
맑은 눈으로 하늘을 보면
온통 빛으로 쌓여
눈부시다

너와 내 마음이 하나로
_어느 날 공작과의 대화

너와 내가
우리가 되어 만날 때
평화의 융단이 깔리고
하늘엔 바람 일어
마음속 구름 거둔다

보이지도 들리지도 않는
교향이 무곡이 되어 어울리면
다가오는 자태에
수줍음과 추레함도 씻겨
한끝으로부터 밝혀지는 세상이 열린다

하지만 아직 펴지 않은
너의 날개가 감춘
비상의 꿈이 터져
하늘 환하게 채울
너를 향해 달려가는 내 마음

옹달샘 가에서

솟구치지도
끊이지도 않고
헤집고 올라와
실개천 따라
강으로 바다로
이어지는 행복
겸손과 인내
포용을 품고
꽃에도 생명을 주며
만질 수도
막을 수도 없는
길을 따라
신비를 지니고
솟아나 흐르고 있다
꽃을 담지 않아도
아름다운 샘으로
영원히 솟아 흘러라

2.

길 위에 쓰는 편지

기다려지는 꽃

언제부터 널 기다리게 되었는지 몰라

낯선 땅에서 처음 만나 이름도 모르고

마음에 들지도 않아 외면했던 널

강산이 서른 번 바뀌어

마음도 세월을 따라 물들었나

철이 바뀌면 먼저 널 기다리게 되는

도심 한길을 벗어난 골목길에

보랏빛으로 무성하게 피어

집 앞앞이 서서 어울려

꽃잎 사이로 달빛을 쏟아내는 널

언제부터 기다리게 되었는지 몰라

보랏빛으로 길을 내는 자카란다여

강

•
•
•

널
건너에 두게 하는 강

난
그 강을 건너고 싶다

모래언덕에 잠자는 바람
_데스밸리에서

부서지고 깨어져

바람에 닳아 흩어졌다가 다시 모인

바다가 돼 가슴으로

태고를 안은 천형의 모습이여

지금은 바람을 재워

거친 발자국 묻힌 언덕에 올라

눈물과 땀에 절은

열두 폭 어머니의 치마를 생각하네

그런 사람

아주 가끔씩 마주쳐도
화덕 앞에 도란거리던 때처럼
따뜻한 사람으로 남아 가슴 녹이고

후덥지근해진 방문을 열면
신선한 바람 한 자락으로
들어와 탐욕을 잠재워

새벽길 같이 걸어
마주친 눈의 곱까지도 아름다운
새소리보다 더 가깝게 있는 숨소리

꼭 다물었던 봉오리
이슬방울 굴리며
햇살 받아 피어오르는

그런 사람 되어 그런 사람 만나
사막을 가고 험산을 넘어도 지치지 않는
한밤에 촛불로 타는 그런 사람

나는 꽃

한적한 들판에
들바람이 오고 가며
전설 같은 사연으로 피워낸
내 한 떨기의 고운 꽃

향긋한 향기는 바람에게 주고
달콤한 꽃술은 벌에게 주고
붉은 꽃잎들은 땅에 주네

말라가는 빈 자루마저
가을 햇볕에 다 사르고
아지랑이 되어
하늘로 오르는 나

후회는 없다
더 주고 갈 것 무엇인가
가진 것 다 주었지만
그래도 아쉬움만 남고……

꿈속에 만난 얼굴

그리움 몰고 와 창 흔들던
바람도 가고

얼싸안고 내려와 가슴 채우던
눈도 사라져

나도 모르게 불 밝히고 내다보는
밖은 안개에 묻혀

어디선가 스쳐 지나친 얼굴
아직도 거기 서 있다

하고 많은 사람들 가버린 그 자리
설레임으로 다가가면

주변을 맴돌다 가는 안타까움에
떠오르다 사라지는 덧없음

안개 속에 서 있던 얼굴
천천히 지워져 가버리고……

꽃 시장

어느 산줄기나 골짜기에서
바람과 하늘 구름 벗하여
이름 없이 피어
네게 이름 붙여지던 날

사연 되고 전설 되어
비켜 온 음산한 겨울 끝에
드러난 새싹
아름다움마저 눈물겨워

되돌아가던 시절의 비안개
그늘로 차오른 달
꺾이고 잘려 찢긴 아픔
소리 내어 울지 못하고

온몸으로 피워내던 빛깔조차
형광등 불에 빛을 잃고
인사도 나누지 못한 채
흩어져 가는 꽃. 꽃. 꽃……

길 위에 쓰는 편지

핏줄 되어 흘러가는 것 아니어도
멈추면 마저 끊기는 것이어서
꿈속에도 걸어야 한다
깊은 잠에 철새 날아간 길 열려
따라가면 풀섶에 흩어지고
다시 지쳐 무너져 버리는
하얀 종이 위에 그려 넣던 한 줄
끝을 찾아 어디론가 기울어가다
물길 속에 잠겨도
다시 나서던 마음 일깨워
철들어 가던 불혹을 건너
지천명에 숨가삐 떠밀려
바람 안은 결을 타고
설형문자처럼 번지는
그 끝에 누가 기다려 있는가
문득 눈 덮이던 길에 남는 발자국

가을

칠기반상 위
유리그릇에 담긴
홍시에 구름 잠겼다 가고

고추잠자리
하늘 속으로 사라져
끝닿은

숲에서
몸 씻은 바람
옷 벗고 내려온다

너도나도 받지 못할 편지

_세월호를 생각하며

안개 속에 떠나는 게 아니었지
물질에 눈 어둔 사람들의 볼모 되어
내어다 볼 수 없는
깊이도 너비도 알 수 없는
밤 바닷길을 떠난 너
꿈에 부푼 동아리들
병아리처럼 종알대듯
얼마나 기쁜 시간이었을까

새벽이 동틀 무렵
기우는 배와 함께 잠겨야 했던
너희들 부르짖음 듣는다
어둑한 바다 속에서
들리는 비명은 모두가 모음
모음으로 시작하여 모음으로 끝나는
비명이 가슴 찢는다

그 모나지 않은 모음이
칼끝이 되어 가슴을 후빈다
결코 앓는 소리 아니게
부르짖는 아픈 소리여
그 믿음 외면한 우리는
너희들 앞에 할 말이 없다

우리 이제 받을 수도 전할 수도 없는
이 몇 줄 글에 담아 띄우는 마음
탯줄로 이어지던 너와 나의 마음이니
봉오리 속에 품은 맑은 향기
바다를 채우고 하늘에 번져라

나 그리고 너

나 깨어 일어나
널 떠올리는 새벽

나는 어디론가 가고
너만 살아서 가슴을 판다

나 어둠 속에서도
너를 만나면 힘이 되고

나 쉬지 않고 퍼 올리는 물
너 위한 생수가 되어

나 눈을 감고 있어도
너 거기 그렇게 살아 있어

나 한때도 머물지 않고
널 향해 가고만 있다

네가 나무라면
나는 숲 속에 갇혀 있고

너 서 있는 그늘에
나 쉬고 있다

점의 노래

아무도 모른다
내가 하나의 까만 점인 것을
목숨을 대신하여 나를 지키고 있는
총알 같은 이 설움을 아무도 모른다

점은 또 다른 점을 만났다가
더러는 헤어지기도 하지만 나에겐
또 하나의 점이 박혀 있어
달빛 어리는 창가에 노래로 흘러도
아무도 듣는 이가 없다

밤과 낮이 맞물려 하루가 되듯이
내 점과 또 하나의 점이 포개져
유성으로 하늘을 떠돌고 있어도
아무도 보는 이가 없다

내 생애가 마쳐질 어느 날 저녁
이렇게 까만 두 개의 점을
마주 놓고 가만히 들여다보면
그 안에 누구의 눈물이 괴어 있을까
아직은 아무도 모른다

달

창백한 얼굴 하나 다가와
마음의 호수에 물길을 낸다
그 길 따라가면
어디에 가 닿을까
가슴 적시는
파랗게 멍든 얼굴로 떠오르고
돌아서 보면 어느 사이엔가
비쳐 오는 그리움
잠겼다 떴다 줄었다 차는
사이사이에 서서
깊은 밤바람에 얼굴 씻고
앞에 와선 얼굴로
다시 만난다

석류를 보며

가을입니다
구월도 가고
시월이 갑니다
늦기 전에 더 늦기 전에
사랑하라 말합니다
나무들도 벗고
열매를 달고 있습니다
더는 감추지 못하고
가슴을 터뜨리고 있습니다
감추고 감싸던 마음
드러내 속을 보입니다
속 보이는 것을
사랑이라 말하라 합니다
비바람 햇살에 익혀 온
속살을 드러냅니다
나뭇가지에 매단
비인 그네가 흔들립니다
누구의 손이 닿아
이렇게 흔들리는 것입니까
보이지 않는 그이를
볼 수 있는 지금
익는 아픔을 터뜨려
사랑한다 고백하라 합니다
늦기 전에 더 늦기 전에…

못다 그린 그림

오늘도 그리다 만 그림 그린다
당신이 떨어져 있는 만큼의 공간을
화폭 삼아 그림을 채워 가도
여백만 더욱 커가고
당신과 헤어져 있는 동안의 시간이
공간에 쌓여 그림이 사라져
오늘도 어제의 그림을 이어
또다시 그림을 그린다
그럴수록 더 커져만 가는 공간에
어김없이 시간에 밀리는
안타까운 마음 새겨지는
이런 게 그리움이라는 것일까
형상도 드러나지 않는 그림
크게만 크게만 그려진다

바다가 그리우면 조개를 산다

바다가 그리우면
조개를 산다
다문 껍질 속에
바다를 물고 있는
조개를 산다
그 속에 감춘 속살
탐내는 사람들
석쇠에 굽고 삶아도
먼저 바닷물 토하고
피를 쏟는
조개를 산다
모래에 묻혀
생명을 키워 온
둥근 몸에 품은 바다
바다가 그리우면
나는 조개를 산다
사람들 북적이는
슈퍼에서
큰 조개를 고른다

한 송이 꽃

한목숨 던지듯
현실을 떠난 꿈속에서만
모든 것을 바쳐 피워낸 꽃

그대 마음 읽으려고
그대 바람 따라갔다가
가슴 조이던 눈물이
먹구름 속 비구름 만나
안개 속에 서럽게 서럽게 울다가

구름 속에 피어오른
밝은 햇살과 푸른 하늘을 향해
두둥실 피어나버린
구름 향내 풍기는
그대 닮은 꽃 한 송이
이렇게 아름다울 수가

천상의 꽃보다 더 곱게 곱게
끝내 피워내고야 만 꽃
끝까지 끝까지 가져가리라
이승에서 저승 끝까지……

가슴에 쌓이는 첫눈

홍시 속살 입에 물고
가슴에 이름 쓰고 간 얼굴
눈이듯 하얀 화선지에 그리다
벗겨둔 문고리 소리에
기척인 듯 창을 열면
싸늘한 바람 한 자락
그림자 드리워 꿈결에 나부끼고
바람도 얼고 강물도 어는
겨울 앞서 다녀간 가을
서리에 더 가슴 시리다
간밤에 소리도 없이 내린 눈
가슴에 소복이 쌓였다

걷는 꽃

꽃이 걷고 있다
빗속에 걷고 바람 속에도 걷고

꽃잎이 날고 있다
안개 속에 날고 눈 속에도 날고

어울리지 않고 혼자서
산 위를 걷고 들길을 걷고

나비처럼 날지 못해
서서히 꽃잎을 펴 바람을 탄다

하루의 끝에 하나로 피는
한 송이 꽃

터지는 다른 하늘 아래
슬며시 묻어 놓는 한 편의 시

보라색에 주는 정情

좋아하는 빛깔
보라색
자카란다꽃으로 피는
봄날
보랏빛 색연필로
편지를 쓴다
스치는 바람에
향이 묻어나게
외워도 본다
아리던 마음
쓰리던 가슴
그리워하던 일들
모두를 거두어
꽃잎 하나하나에
매달아도
흔적은 없고
보라색만으로 남는다
보라색 빛깔
하늘 채워
마음 가벼워진다

가슴속에서 피는 꽃

어느 날
나를 향해 쏟아져 내리던
새벽 별빛 같은
사랑의 빛을
소녀의 기도처럼
두 손끝에 모아서
내 가슴속에
깊이깊이 묻어 두었지

가슴에만 감추어 놓은
말 없던 그 마음이
어느새 한 알의 씨앗이 되고
세월이 보낸 바람과
내 밤이 흘린 눈물 같은 이슬이
기다림의 내 눈망울에
싹을 틔우고
그리운 모습이 피어오른다

마음껏 내뿜는 향과
마음껏 피워낸 빛깔
아, 이렇게 아름다울 수가!
환희의 눈물 속에 비친
꽃잎 속에 곱게 어우러진
우리의 선한 모습

온 정성 다하여
내 가슴에서 피어내고야 만
내 한 송이 마음꽃
우리만을 위해
영원히 변치 않는 빛으로
하늘 끝까지 가리라
하늘에서도 피는 꽃으로……

새 구름 바람 그리고 별

때로는 새이고 싶습니다
이른 아침 나뭇가지에서
그대 깨우는 노래 부르고

때로는 구름이고 싶습니다
파란 하늘에 떠서
창 속의 안에서 저 끝까지 바라며

때로는 바람이고 싶습니다
아무도 보이지 않게 스며들어
방안 가득 훈풍으로 채우고

때로는 별이고 싶습니다
어두운 밤에 또렷한 빛으로
잠들어 있는 얼굴 지키고 싶습니다

3.

엄마 되어
엄마에게

겨울에 태어난 아이

눈과 함께 온 너는
얼음과 함께 온 너는
차갑고 날카로운 바람과
함께 온 너는
눈의 결정체같이 순결하고
얼음 수정체같이 정갈하고
눈꽃같이 아름답구나
입 꼭 다문 조개처럼
딱딱한 껍질 속에
부드러움을 감춰놓고
태고의 비밀을
그 속에 감추어 놓았구나
새벽 여명을 타고 온 햇살처럼
찬 구름에서 내린 눈송이처럼
바람 타고 온 솜털 구름처럼
짧은 손으로 다 만질 수 없고
좁은 가슴으로 다 안을 수 없고
내 옮은 생각으로 다 상상할 수 없는
그런 너는
따뜻한 사랑에 봄날이 있고
뜨거운 사랑에 여름이 있고
사랑의 결실로 가을이 있음을
보여 주고 있구나

울 허물어 웃음소리 번지게

가볍게 이는 미풍에도
훈훈한 정이 가득
세미한 음성에도
메아리치는 사랑의 달

둘러앉은 밥상에
식구들의 웃음소리
울 허물고 밖으로 번져
하늘과 땅을 채우고

작은 천국 이뤄
크고도 넓은 하나님 사랑
펼치는 보람이 여울져 번지네

굵은 손마디의 할머니 손
잔주름 얕게 퍼진 며느리 이끌고
손녀의 함박웃음 눈 속에 가득
담아내는 기쁨이야

가난과 고난이 씻긴 듯 흘러가고
애달픔과 슬픔도 바람에 실려 가는
한 해 열두 달 삼백예순 닷새가
오늘과 같아서 이달에 머물 거라

부부

이 세상에서 가장 고귀한 부부는
서로의 인격을 존중하고 사랑하는 부부

이 세상에서 가장 아름다운 부부는
서로의 허물을 감싸주고 격려하는 부부

이 세상에서 가장 행복한 부부는
하나님으로부터 은총 받는 부부

이 세상에서 가장 축복받는 부부는
여호와 하나님을 모시며 사는 부부

이 세상에서 가장 은혜 받는 가정은
할렐루야 찬송이 항상 들리는 복된 가정

나무 한 그루 옮겨 심으며

_사랑하는 딸 결혼에 부쳐

해맑은 아침 들 안에 서 있던 나무
한 그루 숲에 옮겨 심습니다
아끼던 말 숨겨 두었던 말들 가려내
이슬방울로 편지를 씁니다

행주치마에 손 곱게 닦아
깊은 마음 모아 글을 써 내려 갑니다
모든 강이 바다에 이어져도 바다를 채우지 못하듯
마음이 아쉬움만으로 일렁이고 있습니다

지난 모습 그 시간들이
한 방울 한 방울 이슬 되어 눈에 맺힙니다
아무것도 모르고 씨 뿌렸던 그 날이 어제인데……

움돋고 싹이 터서 봄, 여름, 가을, 겨울
보내기 스물여덟 해
뜰 안에 기쁨과 자랑이 가지 뻗어
꽃피우며 자랐습니다

여름날에 타는 듯한 더위도
겨울철 독한 추위도 잘 견뎌 주었습니다
이제 남의 숲에 나가 서게 되면
몸살도 앓게 되겠지요

그러나 숲을 이룬 나무꾼들이 모두 그러했듯이
기쁜 마음으로 옮겨 심습니다
바람 가리고 서리 덮어 키워 주신 큰 손 있는 것…
믿기 때문입니다

어디서든 그 손길 지키시어 꽃 피게 하시고
결실 주심을 믿습니다
노래하고 꽃 피우며 종소리 울리는 나무
열매 주렁주렁하기만을 빕니다

언제나 우리 모두의 사랑의 눈길 받는
우람한 나무로 서게 되길 빌면서……

새 가정에 드리는 기도

아침 해 익어 오르며 확 트인 하늘 아래
산을 에둘러 흐르는 강이 한 폭 그림으로 펼쳐져 옵니다

산에 한 그루 나무로 서 있어도
강 위에 하나의 바위섬으로 있어도
서로가 부르짖는 몸부림으로 있게 하시는 하나님
동행을 허락하셨사오니
이 장막에 충만한 은혜로 채우소서

눈만 마주쳐도 가슴이 더워 오는 사랑을 키우게 하시고
창마다 불 밝힌 기다림이 있게 하시며
한 아름 꽃다발로 방을 채우는 향기가 넘치게 하소서

설사 이네들 삶이 무거운 짐에 눌리고
괴로움이 닥치더라도 피해 갈 지혜를 주시고
살아가는 동안 인고의 쓴 약을 마시는 일이 있게 되어도
서로 격려하고 의지하여 이겨내게 하시어
감사의 기도가 끊이지 않게 하소서

날마다 새벽 종소리에 깨어 일어나
다소곳이 무릎 꿇고 기도드리며
기다리는 아침이 있게 하사
화목을 쌓아 올리는 가족으로 있게 하시어
영원한 삶을 향해가는 발걸음이 더디지 않게 하소서

어느 해 여름날

_남편 병간호하면서

하늘과 땅
바람에 쌓이고
큰물에 잠기는 사이
그늘 짓던 큰 나무
가지마저 부러져
그늘이 날아가고
물에 잠겼다

바람과 큰물
불길로 치달아
더위는 온몸 감아
모를 방향으로 치달아
바람 피하려 벽을 찾고
큰물 막으려 하면 할수록
요동친 한여름

하늘과 땅 어울려
하늘에는 별
땅에는 꽃 필 때
마주 앉았던 차탁 위에
시들지 않은 나무 잎새만 쌓여
찢겨진 나뭇가지
가시 되어 아프다

어느 여름날 그 뒤
_남편 병간호하면서

당신이 잠깐 자리를 비운 사이
뒷마당에 헝클어진 꽃을 따 모아
꽃다발을 만듭니다

아주 사소하던 말투에도
폭풍이 되어 뒤집어지고
가슴에 꽂혔던 것까지도

지금까지 박혀 온 무수한 가시들로
상처 입고
아팠던 것까지 모두

어두운 책장을 넘기듯
꽃다발 속에 묶어
식탁 위에 놓습니다
돌아온 당신의 얼굴
표정을 상상하며
눈길을 맑은 하늘로 돌립니다

큰 나무의 접목을 위해

_남편 재수술을 기다리며

올곧음 내비칠 때
소나무를 얘기하고
더러는 주목나무 빗대 말했지
한국 땅에 뿌려져
뿌리내리다 더 큰 꿈 이루려
바다 건너 옮겨온 지
예순 해 되던 어느 날
뜻하지 못한 큰바람에
가지를 찢기어
뙤약볕엔 그늘 지어
하늘 밀어 올리고
바람 거센 날엔 바람막이 되어
집을 지키고 가족 살피던
그 큰 나무
가지 찢긴 지 한 해가 지나
그늘 짓지 못하고
바람막이 되지 못한 안타까움
다시 접목을 시도하는 의지
허공 속에 손을 뻗어
줄기조차 곧고 새롭게
언덕 위 무성한 푸른 잎으로
그늘 짓고 바람 막을
그 큰 나무 다시 설 꿈 기다려
오늘도 경건함으로 내 님께 기도하네

끝나지 않는 자갈길

_남편 병간호하면서

안타까움 익어 설움이 된
이 아픔 누가 알까
하마하마 내일이면 하고
기다리던 희망
절망으로 다가온 날
하늘빛도 흐렸다
당신은 살아 계시는 겁니까
울부짖는 기도에 원망뿐
함께 가야 할 노을 길이
더욱 짙어만 오는 어둠에
한 걸음 내딛기 힘들어
다시 외쳐 기도하며
흐린 하늘 구름 뒤
끝나지 않은 자갈길에서
손짓하는 별빛 찾는다

한쪽 없는 세상

_남편 병간호하면서

우리에게 해와 달 주시고
밤낮을 누리며 살게 하신
창조주의 큰 섭리
어찌 잊고 살았을까
해와 달 번 가르고
밤과 낮 이루어
일하고 쉬게 하신 뜻
짝을 지어 살게 하셔
한 눈이 아파도 세상이 기울고
귀 하나 들리지 않아 갸웃거리며
발 하나의 불편 세상 기울게 하네
젓가락 하나 없으면 찍어야 하는 불편
팔 하나 다쳐도 도움이 안 돼
가슴속 허파 하나 찢긴 듯
고를 수 없는 숨으로 사는 나날
가쁘고 가쁘기만 한데
멀리 계시는 님 내 마음 알까
두 손 모으며 감사케 하네

상처

_Sonnet 형식을 빌어

칼자욱만을 상처라 하지 말아요
할퀸 자욱도 상처가 됩니다
겉에 보이는 것만이 상처가 아닙니다
더듬어도 더듬어도 닿지 않고
싸매려 싸매려 찾아도
잡히지 않는 상처가 있습니다
어루만지면 더 큰 상처로 부풀고
불에 데인 듯 아파오는
번지고 번져 소용돌이치며
깊이로 깊이로 잠겨 갈라지고 찢어져
부서져 내리는 파도 앞에
그대로 남는 바위 하나
흉터만 안고 서 있듯
영혼을 들여다보는 상처도 있습니다

만월

_새 손자의 출산을 기다리며

내 젊은 날에
내 몸 안에 별의 씨가 들어와
강물 소리에 싹이 트더니
별빛 먹고 자라 초승달 되고
강물에 몸 씻어 만삭이 되더니
백자를 닮은 달덩이가 하나 나왔었지

그러던 네가 어느새 시집을 가고
밤이면 밤마다
함께 피리 불어 별을 헤더니
어느새 해님 씨를 받았느냐
강물 소리 돌아가는 둥근 바다에
초승달이 조각배로 떠가더니
드디어 둥근 만월이 되었구나

밀물이 일렁이는 새벽 바다 위에
떠오른 선홍빛 햇덩이가
바로 우리 고운 아기 해로구나
아기야 아기야, 해님 닮은 우리 아기야
강물 박차고 어서 나와 저 달빛 별빛 쏟아지는
은빛 가득한 꽃궁 속으로 우리 함께 꽃구경 가자

우리들 꿈이고 보람이게

_손자를 생각하며

아가 우리 아가
새봄 새싹으로 온
우리 아가

강과 바다
온 계절을 품고
봄으로 온 우리 아가

큰 골짜기 숲을 헤치고
얼음장 깨치는 소리 함께
해맑은 빛으로 우리에게 안긴 아가

태에 앉아 듣던
빗소리, 바람 소리 숨소리 되어
첫울음 소리 기쁨이 되고
보람이 되었구나

높은 산에 큰 나무로
넓은 바다 가슴으로 채워
푸른 하늘 안고 꿈을 담아라

그 길에 이끄시는 이 축복이 넘쳐
우리의 꿈이게
우리들의 보람이게

돌이 돌石과 같은 뜻으로

_손자 첫 돌에

새 아기가 맞는 돌은
돌石의 뜻도 함께 지닌다
한 해의 시간이 돌처럼 뭉쳐
자라난 살아있는 돌 하나
우리의 뜰에 함께 하고 있다
네가 우리의 곁에 와
여름, 가을, 겨울이 지나
다시 봄 되어 꽃 피고
맑은 바람 하늘 가르는 오늘
너는 기도하는 돌의 자세로 서서
이제 달과 해가 바뀌는 광야의 행로
너는 돌처럼 서서 세월을 이겨갈 것이다
밤이면 별빛에 몸 씻고
낮이면 바람 속에 몸을 다듬어
우리 앞에 우뚝 솟아올라
하늘 받쳐 우리들 눈비 가리는
너는 정녕 돌石의 뜻으로 자라리라
흔들림 없는 우람한 반석으로

손자 백일에 부쳐

백이란 단순한 숫자가 아니다
너의 백날이 있기까지
먼저 주춧돌 되는 하나가 놓였고
그날 어미는 고통 속에
기쁨으로 너를 안았다
하나님 우주를 지으시던 일
다 하시고 쉬신 다음
동산 가운데 생명나무 나게 하시듯
우리에게 너를 있게 하시고
그 일곱 번 이레를 축복하셔서
건강으로 백날을 채워
빛과 소리 그리고 어미의 음성
알게 하신 백날이어서
우리의 기쁨이다
이제는 백날이 아닌 해가 되어
그 백 년이 보람이 되게 하거라

콜로라도 강을 건너며

_딸 출산을 도우러 가며

강을 건넌다
언제부터 어디서 발원하여
흐르는지 모를 강을 건넌다
가로 놓인 다리 아래
흐르는 콜로라도 강
태양을 싣고 가던
달이 실려 떠가던 강에
산 그림자 안겨 가고
바람도 함께 가며 결을 낸다
그 물결과 결 틈새에
낀 세월도 흐르는 강을 건넌다
누구에게는 희망이었기도
또 한이 되었기도 한
강은 폭을 넓혀 가다
좁은 목에선 소리를 높여
흘러가기만 한다
콜로라도 강 가로지른 길 따라
다리를 지나 강을 건넌다
미움, 괴롬, 아픔 띄워 보내고
오직 사랑 하나 안고
다리를 지나 강을 건넌다

엄마 되어 엄마에게

당신은 바다이셨습니다

바위 같은 파도를 안고 사시면서
부서져 흩어지는 물결을
깊은 가슴으로 싸안으시고

잠잠하던 날에는
깊은 밤 별들까지 품으시며
꿈길을 열어 주셨습니다

나리꽃밭 병아리 떼 같던
동기들 보송보송하던 얼굴
이슬 같은 눈물로 씻기시고

천둥도 온몸으로 덮어
침묵케 하시며
우리를 감싸셨습니다

찬송으로 여시던 새벽
둘러앉은 상머리엔
언제나 사랑 넘쳐 웃음으로 번지고

앓는 자식 아픔은 기도로
갈 길 찾지 못하는 아들딸
걱정에 태우시던 마음

나 엄마 되어서야
알게 되는 엄마의 마음
드릴 것 없어 꽃 한 송이 드립니다

그리고 애절하게 불러봅니다
지금까지 제대로 불러보지 못했던
마음 다해 부릅니다

엄마!
엄마!
어머니……

지천명에 뒤를 돌아본다

_사랑하는 내 딸에게

하늘의 뜻을 안다는
이 나이에 뒤를 돌아보니
눈에 가득 가슴에 가득
너 하나 남아 있구나

나랑 같이 가던 소녀도
너와 함께 가던 소녀는 어디로 가고
두 여인으로 길을 가는 동행이 되어
광야를 걷고 있구나

새벽이면 귀 기울여 종소리에 기도를 드리고
밤이면 하늘을 채우는 별을 보며
새벽이슬처럼 밤에 별처럼 영롱하거라

고통이 슬퍼서 슬픔이 되어
슬퍼 눈물지을 때 위로를 얻어
고통과 슬픔이 바탕이 되는 수를 놓으면
기쁨이 되고 즐거움으로 번지리라

빛을 찾아 어두움을 뚫고
백합향기만으로 숨 쉬며
입을 열면 찬양이, 손을 뻗으면 기쁨이 되게
두 발을 잰걸음으로 달려가자

사랑이 길을 막는 두려움
미혹의 함정은 주님의 손을 붙잡고 건너고
불구덩이에선 몸을 태워 정금을 남기자

아침마다 살을 펴는 햇살같이
추운 곳을 녹이는 햇볕이 되어
꽃씨를 틔우고 열매를 맺어
풍성한 은혜에 감사드리자

엄마 된 딸에게

널 생각하면
별을 낳은 듯 가슴 뛰던 날
그 별 가슴에 가득 뜨게
세상 모든 것 지워버렸다
빛으로만 채워지도록
어둠은 모두 밀어내었다
저 끝에서 아장걸음으로
위태하게 다가오던 너
어느새 종종걸음치더니
불현듯 종종걸음으로 날 떠나
이제 날 부르던 이름
엄마를 이름으로 달게 되었다
내 손 놓치고 울던 손
널 의지하는 손이 되어 붙들어
두렵던 어둠 밝히는 별로 뜨거라
호수 같은 눈 속엔 사랑만 담고
따스한 입김으론 미움 밀어내
어떤 거센 바람도 막는 방벽이 되어
별들 가득 하늘 채우는
큰 별로 뜨거라

아버지 영전에 바칩니다

아버지!

아버지 곁을 떠나와 살면서도
이 땅 위에 함께 계신다는 것만으로도
의지가 되며 힘이 되어 주신 아버지

이제 아버지는 가시고
우리는 아버지를 잃었습니다

쥐었던 이 세상의 끈 놓으시고
하나님 곁으로 가시므로
우리는 남고 아버지는 떠나십니다

구십을 넘게 사신 아버지께
저의 오십은 하찮을 수도 있는 기간이었습니다만
아버지가 계셨기에 우리 동기들 있어

아버지는 뿌리이셨고
우리 형제자매는 가지가 되어 살았습니다

일제 치하의 가난과 고통과 분개를
8·15 광복의 기쁨으로 맞았으나 그도 잠깐
이어 닥친 사상적 혼란과 갈등으로 청년기를 보내시며
6·25 사변은 얼마나 아프신 기억이셨습니까

그 혼탁과 격류 속에서
가정을 꾸리고 자식들을 거두시는 일이
누구에나 쉽지 않은 험난한 일이 아니셨습니까

그럼에도 더 큰 포부와 비전을 가지시고
이 땅 미국에 이주 오셔서
이루신 일도 뒤로 하시고
아버지는 가시고 우리만 남게 되었습니다

이제 아버지와 같이했던 시간들은
가슴에 묻어야 하게 됩니다

아팠던 일, 슬펐던 일, 괴로웠던 일은
모두 거두어 가시고
기뻤던 일, 즐거웠던 일, 소망이 되던 일일랑은
두 손으로 꼭 눌러 우리 가슴에 남겨 주십시오

때로는 성낼 일, 화내실 일 접으시고
굳이 외면하시던 얼굴을 기억합니다

그 마음으로 이 땅에 뿌리신 씨앗
여덟 그루 큰 나무 되어 가지 뻗고
넓은 그늘 짓고 있지 않습니까

우리 모두 믿음의 상속자 되어
십자가 의지하며 살 것입니다
예수님 돌문 여시고 부활하심 믿고 살 것입니다
다시 오실 주님 기다리는 소망의 삶을 살 것입니다
저희들에게 평안 심고 가시기 바랍니다
하나님 곁에서 복 빌어 주시기 바랍니다

이제 본향으로 가시는 아버지
영은 하나님 나라에 영생하시며
육신은 흙으로 돌아가
뿌린 씨앗의 걸음 되실 것을 믿습니다

하나님 자손만대에 축복하시어
여덟 그루 뿌린 씨앗 숲이 되어 번성케 하실 것이오니
평안히 가옵소서
우리들 이 슬픔도 이 땅의 일만 되게 하시고
남겨진 가족들을 위로하시며
선한 이웃들의 눈물 씻어 주시옵소서

마지막으로 아버지를 뵈오며
다시 한 번 아버지를 부릅니다

아버지! 평안히 가시옵소서
자식들 잊으시고
평안히 가시옵소서

다시 만날 때까지

_어머님 영전에

이제 우리 곁을 떠나시려는 어머님
헤어지는 슬픔이라도 아려
제 아픈 마음 한 조각 떼어 바칩니다

이 땅에 사시는 동안
비바람 찬 서리 고난과 가난을
굳세게 이겨내신 우리 어머니
그 길은 바로 가나안으로 가던
이스라엘 백성이 겪었던 고통 길이었겠지요

가족을 위해 볕을 가리고 늘 그늘이 되시어
다칠세라 아플세라 팔 벌려 껴안던
그 자애의 두 팔이
지금도 우리 몸에 감겨 있습니다

그러나 이제는 그 육신 남기고
이승의 강을 떠나시는 우리 어머니
우리 다시 만날 그 날까지 평안히 쉬십시오

우리 다시 만나는 날
저는 세 살 적 어린아이로 뛰쳐 가서
어머니 품에 안길 것입니다
사랑하는 우리 어머니
다시 만날 그 날까지 평안히 쉬십시오

4.

녹로
위의
흙 한 덩이

생명샘

숲 속 헤매다
흐르는 물 만났을 때
혀로 물 핥는 양을 생각한다

세상 모두 어두워
막막할 때
두 손바닥으로 움키는
물 한 모금

희열이 되어 가슴 채우는
생명샘으로
지쳤던 온몸에
잦아들어

말랐던 영혼
가지에 새싹이 돋고
푸른 하늘 기댄
큰 열매를 본다

동행

옛날 그 옛날
사람이 발 들이지 못하던
그 숲길을 갑니다
두려움이나 경계보다는
경이로움에서 신비로
이어지는 길을 갑니다
그 또 옛날
수심도 알 수 없는
물결이 넘실대던 위에
길을 내며 갑니다
끝이 날 것 같은
모퉁이를 돌면 또 막히고
뚫렸다 막히기를 거듭하는
발걸음을 지치지 않고 갑니다
바로 당신과 함께하는 길이기에
오늘도 새길 위를 걷습니다

은혜의 촉

강 건너던 세월
따라 흘러가 버린 날들
세상 벗어날 수 없어
바다에 모였는가

과녁 비켜가는 화살도 있지만
마음 한가운데 꽂힌
은혜의 촉에
선혈이 뚜욱 뚝 떨어진다

그 방울방울에 피어나는
저 꽃을 보아라
잠깐 한눈파는 사이에도
돌밭에도 와 피워내고

이제는 그 꽃잎들
꽃강이 되어 흐르고 흘러
모두 모여 꽃바다 되고
새들 나란히 날개 접듯 평안한 것을……

끝나지 않은 길

날마다 길을 떠난다
그 길 위에서 쉬며 잠잔다
거친 길은
어머니 손에 의지해 걸었고
어두운 길에서는 눈을 감기도 했다
걸음마다에 밟히는 희로애락을 딛고
산길 바닷길 하늘길이
하나로 닿는 길을 오늘도 간다
하늘길에서 설레던 마음도
산길 벼랑에선 고투하며 걸었고
물길을 만나서는
풍랑에 표류하며 왔다
닿은 언덕 꽃잎 우거진 길에서
마음을 뉘여 쉬었고
다시 걷는 햇빛 쏟아지는 길에서는
그늘을 갈망하고
차라리 밤을 기다리던 길 끝에서
맞는 낙엽 지는 길에선
눈 싸안은 구름 보며 두려움에 싸였다
이 길에 언제부터 동행이 되었던가
전혀 낯설지 않은 님이 있어
오늘도 길을 간다

바람에 씻긴 햇빛

잠깐 떠돌다 가는
햇살과 바람 앞에
속내 감추지 못하는 바다
너머에 비 내리는가
하늘과 바다 어울렸다
헤어지는 작별도
아름다운 것
바다에 와서야 알았다
만났다 헤어지는
바다는 바다대로
하늘은 하늘대로 떠서
정적을 남기고
유난하게 거리를 넓혀가는
하늘과 바다
한 빛으로 남는다
그 여유로움 가슴에 담아
묵은 시름
하늘과 바다 사이에 띄운다

녹로 위의 흙 한 덩이

_예레미아 18: 4-10

그 흔하고 흔한 흙 중에도
토기장이의 흙으로
선택된 흙 한 덩이
뜻대로 빚어지지 않으면
몇 번이고 주물러져
제 모양을 찾아가듯
나의 토기장이신 아버지
나를 쓸 만한 그릇으로
빚어 주소서
성령의 불길로 달구어져
몇 번이고 깨어지는 연단 주시고
주님 쓰실 만한 그릇 되게 하셔서
깨지면 깨질수록 더욱 아름답게
달구어지면 그만큼 더 강하게
녹로 위에서 주님 보시기에
이만하면 됐다 말씀하실
주님의 형상 닮게 하소서
비록 작은 그릇이 되어도
항상 이웃을 위해 쓰이게 하시고
어디서나 필요한 그릇되게 하시며
목마른 이들에겐
생수 담은 해갈의 잔이 되어
언제나 주님의 손에 들려 있는
작은 그릇으로 빚으소서

빛깔의 향기
_되새기는 연서

당신 향해 가는
소나기 그친 길에 무지개 뜹니다
하늘 가득 철쭉꽃 향기
바람에 날려 흩어지고
끝없이 펼쳐진 자운영 꽃밭
위로 하얀 구름 떠가면
새떼들도 소망을 싣고 날아갑니다
눈빛과 몸짓 모아
당신에게로 가는 발걸음
구름을 탄 듯 가볍습니다
붉은 찔레꽃 어울린 곁으로
다소곳하게 핀 하얀 찔레도
향기를 날립니다
맨발 딛고 서 하늘 향한
꽃무지개 뒤에 숨은
한마디 말 내뱉지 못해
머뭇머뭇 가슴 조이며
내민 손에 당신의 빛깔 묻어나
하늘 채우는 향기 파랗게 번집니다
당신께 닿은 시간
청초한 이슬 한 방울
붉은 열매로 가슴에 맺힙니다

죽어서도 살아 있는 새 되어

_믿음으로 사는 세월의 끝이라면

지금은 갈 수 없어 혼자만의 소통하고 있는 것은
그리움이나 기다림 때문이 아닙니다
그리움은 멀고 기다림엔 지쳐서 날마다
살아 있는 새가 되어 날 수 있기 때문입니다
그래서 묻고 답하며 기대하고 소망하여
혼자서도 즐거운 시간 꾸려가기 때문입니다
한 소녀이던 내가 꿈의 나라를 그리기 시작하던 때부터
날개가 돋기 시작했기 때문입니다
아무것도 가진 것 없던 때 날개를 얻어
그리움과 기다림을 펄럭이며 날 수 있었기 때문입니다
아침 일찍 깃털 고르고 나서 햇빛을 맞아
그 빛 속으로 날아오르고 싶었기 때문입니다
무리 속에 어울리지 않게 되어도 외롭지 않고
당신에게로 가는 길만 따라가려는 때문입니다
그래서 나는 죽어서도 살아 있는 한 마리 새로
당신의 둥지에 드나고 싶은 때문입니다

욕망의 속성

마음속 깊은 곳에 자리 잡은
수없이 많은 사연의 언어들이
허공을 난무하다가
다시 나에게 되돌아오기에
나는 차라리 입을 꾹 다물겠습니다

아름답고 오묘한 그분의 창조 속에서
그렇게 보고 싶은 것도 많지만
그래도 가장 보고 싶은 것은
어쩌면 보아선 안 될 것이기에
차라리 눈을 꾹 감겠습니다

값진 보화와 향기로운 꽃 중에서
갖고 싶은 것도 많고 많지만
그중에서 가장 갖고 싶은 것은
결코 가져서는 안 될 것이기에
차라리 마음 문을 꼭 닫겠습니다

그것은 욕망이라는
금단의 열매들이기 때문입니다

갑자기 큰 그늘이

_친구를 추모하며

해가 중천인 한낮
갑자기 큰 그늘이 우리를 덮쳤습니다
아침에 정성 들여 빨아 논
흰 빨래 마르기도 전
소나기 쏟아졌습니다
괴로워하지 말자고 슬퍼하지 말자고
기억해 내는 가슴 메이어
흙의 속살 뚫고 나오는
아픔이 큰 나무 되어 바람을 맞습니다
바람은 이 세상 끝까지 갔다 오는 것이지만
눈 녹듯 스며진 님은
이제 세상 어디서도 만날 수 없습니다
이슬이듯 풀잎에 맺혔던 날이 갑니다
이슬 먹은 풀잎 꽃을 피우듯
님이 남긴 뜻 피어나는 꿈
남기고 가십시오
꽃향기 하늘 채운 뒤 꽃잎이 지고
그 자리에 열매를 봅니다
갑자기 큰 그늘에 잠겨가신 친구여
이제 세상 그늘 벗으시고
하늘 양지에 편히 쉬소서

거대한 뿌리

하늘과 땅 열리던 날
나무 하나 심겨졌네

산이 놓이고 강이 열린
땅 위에 나무 한 그루

땅을 딛고 팔을 벌려
하늘 향해 이슬을 받고

우리들 혈관에도 놓인 길
뿌리로 뿌리로 이어져

실뿌리는 둥지로
실개천들 강으로 모여

밤하늘엔 은하수로
낮에는 무지개로

땅의 열매마다
영롱한 빛 물들이네

어두운 밤에도
가슴에 태양을 품네

세월이 다져준 주름의 강물

언제부터인지 내 세월의 강물은
긴 골짜기로부터 길을 내고
바다를 향해 흘러가더니
더러는 잠시 발길을 멈추었다가
폭포로 나뒹굴기도 하고
얼었다 풀리며 고였다 흐르며
잔잔하게 흘러내리기까지
얼마나 먼 길이었던가

헤아릴 수 없는 잔 물살들은
사계를 나르고 물안개 피우며
아득히 꿈에 잠기지만
거센 폭풍우 앞에서는 다시 요동치고
실컷 울부짖고 난 다음
노을빛에 젖은 가을 강물에는
누렇게 물든 풍요가 번지고
푸른 하늘 같은 화폭
명상의 얼굴 위에는
분칠하듯 흰 구름이 뜬다

깎이고 닳아진 세월의 강물
바다의 마지막 파도이기 위해
속살을 채워간다

기쁨과 슬픔과 선과 악의 사이에서
흘러온 세월의 강물
이 주름은 귀한 생의 훈장이며
신이 주신 선물이어라

지평선을 따라가는 저 노을 자락 같은
내 이마 위의 긴 주름은
건들면 고운 소리라도 날 듯 아름답구나

사랑 나그네

너도 나그네
나도 나그네
세상에서 만난
사랑 하나로 손잡은
사랑 나그네
거친 들 건너
다다른 눈앞에
망망한 바다 펼쳐 있어도
둘이 아니면 갈 수 없는
길 거기 있어
모래바람 견디며
손잡고 가는 산과 들
벼랑이 끊기어도
둘이 아니면 갈 수 없는
길 아득히 놓여
따뜻한 마음 의지해
가다가 어느새 눈물 비쳐도
둘이 아니면 갈 수 없는
너와 나의 길
만들어 가야 하네
세상에서 만난
사랑 하나로 손잡은
사랑 나그네
너도 나그네
나도 나그네

깨어나는 휴화산

쓰나미 같은 성난 파도가
음악 소리에 소나기 얹히듯
들끓는 소리로 파문을 지어
내 가슴속에 잠자던
고요한 휴화산을 깨운다

오랜 세월 가슴에 쌓인
이글대는 회한의 용암이
분출구를 찾아 들끓고 있지만
아직 내 의식의 단층은
이를 단단히 잠재우고 있다

어느 날일까
내 휴화산이 폭발하는 날
붉은 불길이 산정을 뚫고
하늘 높이 솟구쳐 올라
내 핏빛 붉은 울분은
산산조각으로 흩어져 내리고

새롭게 열리는 계절 속에
새로 피어나는 생명의 빛
불의 꽃으로 다시 피어나고 싶다

시간의 껍질

꽃은 피어
해와 달을 만나
바람 속에는
스스로의 입술 깨물고

눈밭에 빛 고운 동백
우리가 모르는 시간을 타고
봉오리 터뜨려
하늘에 안긴다

이맘때쯤
이름 잊은 산에서 보던
그 들꽃들도
기지개 켜며 일어나리라

피어나는 모든 것들도
들여다보면
마치 허물을 벗듯
시간의 껍질 남기고 간다

아버지의 손

밤새 등 가려워
잠 이루지 못하는 밤
어릴 적 비 내리고
천둥 번개라도 치는 때면
어느새 건너오셔
등 쓰다듬어 두려움 씻으시던
아버지의 손
닿지 않는 손길 그립다
밤길 등에 업혀 넘던
고갯길에선 앞으로 안아
등 두드려 다독이시던
그 때 아버지 나이 되어
내 등 가려워서야
등 한 번 밀어드리지 못한
안타까운 내 설움
오른 손으로 목을 감아
왼쪽 등으로 가보고
왼손 굽혀 오른쪽 등으로
가보아도 닿지 않는
그 때 백약百藥이시던
아버지의 손

사랑한다면

죽음에서 다시 태어나
다른 세상을 살게 되어도
우리는 한 길을 가야지
아픈 얼굴도 슬픈 마음도
보이지도 들리지도 않게
거기서도 함께 할 사람
세상의 끝에서 만난 영혼으로
꽃잎 진 자리에 열매로 남아
달빛을 한껏 담아야지
여기서야 기껏 한 백년
거기서는 두려움도 걱정도 없는
영생 누리며 안식해야지

어머님 유산

어머니 입 속으로 뇌어도
목청 높여 큰 소리로 외쳐도
한결같이 큰 바다로 오시는 님

당신의 오지랖은 크고도 넓어서
동기들 감싸는 장막이 되시고
염천과 혹한 그늘로 가리시고
포근하게 덮으셔서
감싸시며 북돋워 오늘 있게 하셨네

깊은 밤 잠결에 듣던 당신의 기도 소리
마음 환하게 밝히는 꿈 주시고
젖은 손으로 아이를 어르시던 눈빛
가슴 채워 사랑 가득 물려 주셨네

지금은 어미 되어 부르는 어머니
손 이끄시고 등 토닥이시며
함께 가시는 임으로 계시어
두렴 없는 길 가게 하시네

님에게 가는 길

님에게 가는 길
어둡고 험하여도
얼싸안고 맞아 줄
님만을 생각하며
오늘도 길을 가네

소나기 거친 바람
휩쓸고 간 뒤에는
함박눈 내려 쌓여
상처를 싸매주는
그 손길 그리며 가네

칠흑 같은 밤이면
별빛으로 길을 내고
사나운 짐승들엔
바위로 막아내는
그 님에게로만 가네

사랑의 못 자국
흐르는 붉은 피로
이 맘을 씻으면
하얀 마음의 그림자
님에게 가 닿으리

내 님 나만의 님
기다리고 계시는
그곳에 다다라
온 맘으로 품으리
가슴 깊이 안기리

비행기 안에서

하늘 날며
가슴에 별 하나 안는다
올려다보던 그 많은 별들 가운데
오직 하나 품는다
허공에 떠서
간직하는 별 하나
흘러가듯 숨어들어
가슴과 가슴으로 이어지는
그리움 가로질러
묻혀있는 사랑 일깨워
환하게 별꽃 피운다
허공에서의 유랑
멀어갈수록 밝아지는
눈 속의 별 아름답다

가정의 달

밤하늘에 반짝이는 별들처럼
알알이 값진 하루하루가
서른 날이 모인 오월 한 달
이달이 무슨 달인 지
엄마는 아느냐고 아이들이 묻는다
그렇지
이달은 가정의 달
밥상에 정답게 둘러앉은
우리 국화빵 가족들
웃음소리 방안에 만발하니
하늘과 땅 사이
무엇이 이보다 더 소중하랴
엄마는 아빠를 닮고
아빠는 엄마를 닮아가고
아이들은 엄마 아빠 포개 찍은
국화빵이다
화목한 가정이 있기에
명랑한 사회가 있고
세계가 평화로워지지 않는가
오월에 시작된
행복한 가정의 향기는
일년 삼백육십오일을 이어가고…

학을 접으며

긴 여행길을 학을 접으며 간다
천 개의 종이학을 접으면
이루어진다는 소녀의 꿈
가슴으로 접으며 길을 가고 있다
슬픔도 아픔도 접어
내 무거운 짐 나눌
학을 접어 날려 보낸다
흰 구름 속에 쌓이고
하얀 눈에 묻혀 감추어져도
학이 되어 날기만 바라며 띄우고 있다
못 견디던 순간들 실어
그 날갯짓으로 햇빛 저어갈
가슴속 둥지에서
새벽하늘에 학 날려 보낸다

5.

나는
아직도 꿈에
만원 버스를
탄다

어둡고 험한 길에 횃불되어

_크리스찬 투데이 열 아홉돌에 축시

말씀으로 하늘 여시고 땅을 있게 하시며
그 많은 별들 있을 자리에 있도록
간섭하시며 섭리하시는 하나님
밤과 낮을 해와 달로 이으시는 가운데
크리스찬 투데이를 있게 하시고
열 아홉돌을 맞게 하셨습니다
풍랑 가운데 소망을 주시어
광야를 건너게 하시므로
역경의 여리고를 무너뜨리고
쓴 물을 달게 하사 엘림으로 이끄시어
자유케 하심으로 참평화 깃드는 세상 되는
등불이 되게 하소서
세상 끝까지 달려가는 발걸음 주셔서
어디서나 말씀이 살아 움직이게 하시고
은혜의 단비와 이슬 내리사
누구에게나 격려와 위로가 되게 하셔서
여호와 닛시의 깃발 아래
감사와 영광 돌리게 하소서

다시 건너는 다리 위에서

_2015년 한국일보 신년시

⁝

다시 미래로 가는 길목에 선다

새 하늘 새 땅 열리는 아침
장엄한 교향곡 없어도
굳건히 내딛는 발걸음 하나
내 탓은 네 덕으로
네 탓은 겸양으로 감싸
우리가 되어 나서는 길
부딪쳐도 맞닥뜨리지 않고
뒷발질 없이 비켜가는
양무리 되어 함께 가자

사막에서 바람 만나면
어깨동무로 막고
세찬 강물에선
서로 깍지 낀 손으로 건너
닿는 푸른 초장
아우르고 다독이는 체온이 되어
무지개 그리며 어울려 살자

남루는 벗어 던지고
선한 이웃 함께 화수분 안는
또다시 미래로 가는 다리를 놓자

무궁화 1

해와 달 받들어
가슴으로 피는 꽃
비바람 거칠어도
맑게 씻은 얼굴
우리들의 혼 깃든
겨레 꽃 무궁화여
푸른 꿈결로 번져
뜨거운 숨결 되어
삼천리를 채워라

줄을 끊어야 하나 되는 것

우리에겐 참으로 아이러니한
줄이 하나 있다
이 줄 하나가 갈라놓은
이산의 부모형제 만날 수 있게
이제 어미의 태에 이어진
탯줄을 끊는 마음으로
새 생명이 새 나라의 주인 되게
굴욕의 줄을 끊어 버리자
38선이던 비통의 한 맺힌 줄
휴전선이 된 줄을 끊어 하나가 되자
약하고 작은 나라 설움
다시는 없게 하나 되어
힘으로 뭉친 나라 되어
세계만방이 부러워하며
아니 두려워하게까지
통일을 이루어 가자

채우고 누리려고만 하지 않게

_2015년 크리스찬 투데이 신년시

하늘의 달과 별 지으시고
우리를 있게 하셔서 간섭하시며
축복하시는 나의 하나님 감사합니다
어려울 때마다 곁에 계셔서
아바 아버지라 부를 수 있게 하시고
모든 일을 이루어 주시오니 또한 감사합니다
새해 새 하늘을 여시고
십자가 사랑으로 은혜 베푸시며 안으시고
평안으로 이끄셔서 새로운 한 해 동안
어린 양이 되어 살아가게 하시길 바랍니다
다윗과 같은 마음으로 주님을 찬양하며
부활하신 예수님을 따르는 믿음 가지고
다시 오실 구세주를 기다리며 살게 하시고
가뭄에도 이슬로 들꽃을 피우시듯
고통의 울부짖음에 위로하시며
굶주림은 오병이어의 기적으로 배 불리시고
잔치 자리는 가득한 포도주로 채우시길 원합니다
우리의 목자 되신 여호와를 의지합니다
우리가 채우고 누리려고만 하는 삶이기보다
베풀고 다독이는 삶이 되게 하셔서
내 영혼이 평안케 하시고
극지와 오지에도 말씀의 씨앗이 뿌려져
이 땅이 평화만 가득한 옥토가 되게 하셔서
영광 받으시는 한 해로 인도하시길 빕니다

다시 솟아오르는 해

긴 밤 어둠 사르고
그늘진 얼굴 이슬에 씻어
다시 새롭게 솟아오르는 해야
반만년 한결같이
백두에 떠서 한라에 잠기던
동방의 등불 대한의 해는
이제 아메리카에서도 떠올라
태평양을 건너고
동해에서 솟아올라 서해로 지니
육대주 오대양 어디에나 떠서
온 세상 곳곳마다 밝게 비춘다

모진 세월에도 큰 꿈 지니고
결코 꺾이지 않았던 겨레의 얼
민족의 빛, 대한의 해야
이제는 무엇이 두려우랴
산이나 바다나 평원이나
어느 곳에서나
사랑의 빛 소망의 빛으로
우리의 꿈을 세계에 펼치자
이제 햇빛 쏟아지는 소리와
사랑의 온기 번지는 소리 들린다

큰 바다 된바람에
닻 올려라 돛 달아라
동방에서도 서양에서도
떠오르는 대한의 해
이글이글 타는 가슴으로
어서 우리 가는 길 밝혀라
어서 솟아올라라

영원한 낙원 우리들 성막

_나성영락교회 창립 40주년에 부쳐

여호와 방주 지으라 하신 뒤
이 땅 위에 수많은 생명선 지어져
천사의 도시 강 언덕바지에
"영락" 구원선 들어섰다

나라 떠난 설움
고향 등진 시름 안고
하나둘 모여 쌓은 제단

촛불 밝혀 어둠 거두고
가물던 땅에 소금밭 일구어
빛과 소금 되라 하신 사명 받든 지
그 사십 년 오늘에 이르며

괴로움에 시달린 이들 나와 엎디고
외로움에 지친 이들 와서 안기어
새벽을 밝히며 울부짖은 기도

그리스도와 함께 땅끝까지 지경 넓혀
지구의 동서남북 엮는 십자가 세워
선교사 파송하여 복음 전하며

예수님의 사랑 이루어 가는
영원한 낙원 우리의 성막
이 땅의 빛이 되고 소금이 되리

한결같은 한마음

_한마음 100호를 맞는 기쁨 영락교회 축시

하나로 뭉친 한마음
백을 채워 한 마디 한 매듭지었다
천 천의 강물 모여 하나의 바다 되고
헤아릴 수 없는 하늘의 별 우주 이루듯
우리 믿음 담은 한마음
그 백을 채워 다시 큰 발 내딛는 한 걸음

엘에이 강가에 성막을 세워 등대불 밝히고
안개 속 헤매는 이들 발길 이끌어
고통의 위로, 육신의 치유로 마음의 평안
주시는 하나님의 집에 모인 우리가 이룬
한 믿음 위에 한뜻 되고 한마음 되어
우람한 나무들로 숲을 이루었다

사위어가던 믿음 일깨워 사방 둘러보아
전도와 선교에 나서게 인도하고
흔들리던 믿음 말씀으로 다져 일어서게 한
우리의 터에서 싹 틔워 키워낸 큰 열매
가는 길도 한 길 걸음도 한 걸음
믿음도 한 믿음 우리는 모두 하나
집 떠난 자식 기다리는 한결같은 한마음

나는 아직도 꿈에 만원 버스를 탄다

_영남 향우회 축시로 낭송

산모롱일 돌아가면 거기
우리 마을 내 집이 그곳에 있었네
닭 홰치는 소리에 날이 밝으면
개 짖는 소리에 송아지가 화답하고
밥 짓는 연기가 산허리를 두르면
바람도 잠 깨어 골목 휘돌아 가던 곳
그림같이 정답던 고향이 그곳에 있었네

한 달에 한 번 어머니 따라 나선 장날
우시장 옆 골목 포장 친 장국밥집
발가락 나온 신발 신고 멈춰 서던 신발가게
아직도 눈에 선하게 보이는 고향
사방으로 흩어진 그 이웃 형제들
이제 이곳에 모여 그 고향을 다시 그리네

가난의 설움을 안고
새 꿈 찾아 떠나온 고향
큰 바다 건너와 내린 뿌리
이제 막 꽃봉오리를 지어가는데
옆구리에서 나던 양은도시락 김치 냄새가
나를 이렇게 옛 고향을 그립게 하고
아직도 나는 밤마다 꿈속에서
만원 버스 속의 그 그리운 얼굴들을
그리워하게 하네

나성별곡

천사의 도시라고
평화로운 것만은 아니다
엉키고 섞여서 뒤엉켜 있고
말 한마디 듣지 못해
사랑한다는 건지
싫어하는 건지 낯빛으로 읽으며
감정은 음성의 높낮이에 묻고 산다
산야에 어울린
들소들, 양떼들 평화로운
그림 걸린 어느 카페에서는
가난해도 아늑하던 옛 시절
살맛 돋던 시간은 아니어
누구와 아무개가 갈라서고
너와 내가 맞붙어 어지러운
이야기들 창밖을 새어나고
잃어진 부끄럼
천장에 달린 팬을 타고 돈다
그래도 아직 하늘빛은 쪽빛이고
저녁놀은 붉게 물들이며
아이들 소리쳐 화답하는
잔디밭에 하얀 공 구르고
공원 소나무에 매단 풍선 뜨는
내일은 올 것인가
도리질하며 도리질하며 오늘을 산다

박영창 목사님 백수白壽 축하송시

1915년 조선왕조 말엽
평안북도 영변땅에 큰 별 하나 비치셨으니
올해로 백수白壽가 되십니다

일제의 침략이 노골화되던 무렵
기독교 신앙으로 다져진
박관준 장로님과 이관선 여사를 육친으로
이 땅에 오신 박영창 목사님

복음전파 할 사명으로 미션 숭덕중학을 거쳐
일본 신학교를 졸업할 무렵 1939년에는 양친을 모시고
일본이 한국민족혼을 말살하기 위해
강요한 신사참배 반대운동을 벌이시며
민족혼을 불러일으키신 목사님

온갖 고초를 겪으시다
해방 뒤로는 대한예수교 장로회
신학교 첫 회 졸업으로
전도와 선교의 소명을 다 하시고
태평양을 건너오셔 목회하시며
교육, 언론, 사회단체, 기독교계에
큰 업적 쌓으시고
근현대 한국사 1세기의 산 증인으로
살아오신 큰 스승님

주께서 정해주신 박정애 사모님과
슬하에 1남 3녀를 두셨으며
은혜 가운데 75년을 해로하시는
축복을 누리심으로 오늘에 이르렀습니다

백년에 즈음하여 생애를 거치시며
일제강점에서 겪으신 애환과 고통을
"일본이여 대답하라"로 묶어 출간하시어
우리의 잠자는 민족혼을 깨우고 계십니다

우리나라의 혼란 시기를
폐허를 딛고 일어선 과정으로 기술하시며
"일본이여 대답하라" 외치고 계시는 목사님

이 모두를 역사로 직시하는 안목과 식견을
남기시려는 큰 뜻으로 받습니다
우리의 사표가 되시고 갈 길의 이정표가 되시는 목사님
연로하신 중에도 아직 목적을 위한
계획을 이루기 위해 노심초사하심에
저희들 존경하는 마음을 꽃다발로 엮어 바칩니다

아무쪼록 남은 생애 중
하나님 은혜로 목적을 이루시고
건강 누리시며 기도하시는 그 염원들이
형통하게 이루어지시기를 소망하며 기원드립니다

7월의 하늘

_7월 4일 독립기념 축시

"여호와께서 우리를 기뻐하시면
우리를 그 땅으로 인도하여 들이시고
그 땅을 우리에게 주시리라
이는 과연 젖과 꿀이 흐르는 땅이니라"
민수기 14:8

맑은 하늘 밝은 밤으로
이달을 열어 주신 주님

아무도 모르고 있던
젖과 꿀이 흐르는 이 땅
핍박받는 백성들 이끄시어
거센 풍파 이겨내 닿게 하셔서

사막엔 물 흐르고
밤하늘엔 무수한 별들 빛나
고을마다 종소리 울려 퍼져
그 소리 따라 찬송 소리 번집니다

어둠 속 야만의 함성 잠재우시고
마른 뼈가 생기 품어 숨 쉬게 하신
기적을 이루시는 우리의 주님

바벨탑은 허무시고 길 막는 강 잦게 하셔
우리들 꿈 이루어 주시오니
새로운 시간마다 더욱 새롭게 하시고
들풀들의 향기조차 하늘 채우며

살아 숨 쉬는 것들 모두 소리 높여
찬양하게 이끄시며
만나는 이마다 사랑 되게 하시고
영광만 바람 가득 안으시옵소서

해돋이 앞에서

어둠 사르고 한낮의 별로 떠서
그늘을 지우는 태양이여 솟아라

공활한 하늘 위에 오직 하나
동해에 떠서 서해로 지고
한라에 솟아 백두에 잠기며
오대양 육대주를 밝히는 해야 솟아라

너와라면 간난이 두려우랴
바다에선 이름 없는 바위섬까지
산이라면 작은 풀꽃까지 감싸는
벅찬 가슴으로 우리 함께 가자

모진 세월에도 둥글게 끓는 빛
짙은 구름 뚫어 살을 펴고
우리 꿈꾸는 내일을 안고 가자

거친 바람 뿌리 흔든들 겁나랴
네 빛이면 바람도 잠잠하여
의연하게 선 소나무 볼게다
눈을 감고 귀를 막아도
저 구르는 소리, 비치는 빛
웅장하고 황홀하게 해야 솟아라

새벽을 열고 내미는 빛 우리 함께
큰 바다 된바람에도 돛을 올리게
이글이글 타는 맑게 씻은 해야 솟아라

이윽고 눅눅하던 슬픔도 뼈 쑤시던 아픔도
그 빛 앞에 곰팡이 사라지듯
고난 물리칠 곱게 씻은 태양이여 솟아라

터질 듯 부풀은 가슴으로 널 맞을
맑고 고운 해야 솟아라

여행 중의 비늘 조각 모음

데스 밸리

이 들판이!
왜 죽음의 골짜기라 불리우는가
바람의 무덤이
삶의 앙금이 되어 가라앉아
떠낼 수 없는 어제가
누워 있어서는 아닐까
물음표만 찍는다

라스 베가스

하다하다 못해
여기까지 왔구나
사막을 건너던 무리의
오아시스도 아닌
놀랍고 낯설어 황당한
세상 속에
별똥별 하나 버려져 있다

세도나

햇빛도 멈춰 있기만 한 듯
깎아지른 바위산 틈으로
들여다보는 건너편이
더욱 환하다
시험관 속에 내가 들어 있다

요세미티

창세기를 읽는다
조금은 억지스러운 생각이지만
물러서지 않는 숲에 갇혀
언덕 위에 어슬렁대는
곰을 본다
귀에 익은 저 소리는
거리의 자동차들일까 하는
앞에 쏟아져 내리는
한줄기 폭포
하늘이 열리던 때부터
멀리도 와 있다

멕시코

챙 넓은 모자를 쓴
마리아치의 구슬픈 가락
햇볕을 가린 게 아닌
누군가에 부끄러워
저렇겠구나
가락에 담긴 어제가
아직도 살아서
길손의 가슴을 부채질한다

솔뱅

바다도 얼음 바다
바다를 누비던
바이킹의 후예들
닻을 내린 뭍
거친 파도 넘나든
기품 바람에 실어
풍차에 실어 달래고 있는
산 너머에 바다 있는 것을……

그랜드캐넌

크게 난 상채기에
흐르는 물은 신의 피라 하자
그 피 마르지 않고
오늘을 날라다 놓았구나
우리는 지금 그 위에
넋을 띄워 보내고 있다

나이아가라 폭포

흐르기만 하던 물
심술부리고 있다
한 번 서보자는 것일까
세상일에 폭폭하던 가슴
쓸어내리고 있다
참. 참. 참……

우리가 원하는 것은

_통일을 향한 바람으로 축시

우리 원하는 것은
찬연히 빛나는 무지개입니다
먹구름 하늘을 소나기로 씻어내고
남과 북에 가로놓인 아름다운 무지개입니다

우리 원하는 것은
빛을 품어 반짝이는 반딧불입니다
어두운 들길도 맑은 물로 이끄는
세상 밝히는 한 마리 반딧불입니다

우리 원하는 것은
느닷없는 소낙비 가릴 한 개의 우산입니다
바람 휘몰아치며 흩뿌리는 소나기 가릴
살이 우묵히 굽은 한 개의 우산입니다

우리 원하는 것은
손닿지 않는 건너편에 옮겨줄 작은 거룻배입니다
슬픔 나누며 아픔을 씻기 위해 건널 수 있는
아주 작은 하나의 거룻배입니다

우리 원하는 것은
사랑이 담긴 한 조롱의 물입니다
거친 들 헤매이다 지쳐 쓰러질 때
손 내밀어 일으켜 목 축여줄 한 조롱의 물입니다

우리 원하는 것은
큰 그늘 지울 한 그루의 나무입니다
날다 지친 새들 깃들고 뙤약볕에 지친 무리들
숨 고르며 쉴 수 있는 한 그루의 나무입니다

우리 원하는 것은
언제나 자연으로 있는 하나의 산입니다
무지개 뜨고 반딧불 날며 비 가릴 숲이 있고
거룻배 띄울 물 흐르며 생수가 솟는 큰산입니다

희망의 닻을 올리자

_박근혜 대통령 당선에 부쳐

기관장을 잃고
격랑에 휩쓸리며 좌초될 큰 배
선장을 도와 항로를 지켜
난파를 비켜 온 세월 오늘로 맺혔다

어깨 너머라는 비아냥
꿋꿋한 철학이 되어
땅이 갈라지던 가뭄
큰바람 뿌리까지 흔들던 태풍
덮쳐온 홍수 들녘을 잠그기로
이어지던 악순환

나라의 어려움 둑을 쌓아
치산치수 바탕 되어
황폐됐던 땅이 비옥하여
풍성한 열매로 가득하여

너와 나 우리의 꿈 이루어지게
너의 고통 나의 고통이 되고
내 희망 네 희망되어
우리 다 함께 가난을 벗은
평화의 사도되어 지구촌 감쌀

이제 닻을 올려 새 돛을 단
큰 배로
큰 꿈 이루기 위한 함성으로 고동 울려
한 배로 떠나자
우리의 꿈이던 그 큰 나라로
희망의 돛을 올리자

그 빛을 따라

_고 박정희 대통령 추모시

큰 나무 쓰러져
그늘 지워지던 날이
켜켜이 쌓여 올라
어언 한 세대를 이뤘다

그 날 아침 서울거리에는
바람이 불었을까
하늘엔 구름이 쌓였을까
별이 지고 있던 것을……

그리고 비 내려
우리 모두 비에 젖고 있었다

사막 같던 고국 땅에 큰길을 내고
강을 막은 둑으로 땅을 살찌우려던
그 꿈 이루어지기도 전
불의에 다친 불 뿌리 가슴을 뚫어
우리의 꿈도 부서졌다

나라 살림 보릿고개 넘고 있을 무렵
이 어찌 마른하늘에 날벼락이었던가

그 고개 넘으면 드넓은 벌판은
오곡으로 살쪄 있고
여기저기 높이 솟은 굴뚝에서
뿜어나는 연기는 우리의 희망을 담았던 것을…

가신 날로부터 세기가 바뀌고
앞바다엔 안개만 쌓여
날이 갈수록 그 큰 빛 가슴에 일어
역사 속에 님 비추시는 그 빛 따라서 간다

우리 함께 떠나자

_재미영화인협회 축시

한 시간 사오십 분 속에 담는
인생의 희로애락喜怒哀樂
봄, 여름, 가을, 겨울 사계절이
몇 번씩 바뀌며
울고 웃다 달리고 주저앉아

넝쿨처럼 얽혔다 풀리기를 몇 번씩
사랑과 미움, 착하고 악한 일들
맞서다 잦아들고 부풀다 가라앉혀
우리와 함께했다

큰 바다 건너와 다시 뭉친지 여러 해
어렵던 그 시절 되돌아보며
우리 동아리 지어 서로 돌보며
내일을 향한 외줄 다리가 된다더라도

그때를 바탕 삼은 거름이 되게
또 한 해를 향해
둥둥 북 치며 기관차의 기적을 울려
떠나자, 우리 함께 떠나자

많이도 바뀐 이 세월
버티며 몸부림쳐서라도 지켜야 할
우리들의 자부와 긍지

삐에로가 아닌 우리가 나서
이 맥을 이어가자
조명불 아래 기울이던 연기

우리의 삶이 되어
우레 같은 박수로 END MARK 떠오르게
또 내일로 가자, 내일로 떠나자

낙엽도 살고 철새도 사는
_로스앤젤레스의 노래

북극에서 발원하여
캐나다에 솟아
미 대륙으로 뻗친
록키산맥이 바다에 닿아

아늑하게 감싸며
깊은 비밀을 바다에 씻는
그 이름 천사의 도시
로스앤젤레스

봄인 듯 여름인가 싶으면
겨울도 가을인 산자락
언제나 기지개 켜며
이어지는 길에는 보랏빛 자카란다

다민족들의 향수 달래고
햇살 너머로 펼쳐진
하늘은 늘 푸르게
이마를 맞대고 서

이민의 설움과 아픔 삭여내는
도시의 번잡도 함께
낙엽들 모여 기대 살며
철새들 둥지 틀어

소망을 키워가는
태평양 바닷가의 조개무덤
위의 너와 나 서 있는 곳
그래도 우리는 노래하리라
너 있어 우리 여기 와 있노라고

꿈의 통로로 이어지게

_2015년 새해 신년시

모래벌판 달려온 말떼들
굽 소리 산모롱이 돌아간 뒤
말갛게 씻은 태양 떠올라
열리는 초장에 양무리 몰려온다

사라져 간 날들
바람 소리에 얹혀 들리는 강물 소리 같이
자연스러운 일 말고는 아무 일 없이
싹이 돋고 꽃 피어 열매 맺는 날들로 오라

큰 바다 건너던 남루는 벗어 던지고
부끄럼 없는 자존으로 서로 아끼며
아우르고 다독이는 체온이 되는
어머니의 품이 되게 가꾸어 가자

강을 만나더라도 돌아서지 말고
손에 손잡고 끼고 건너서라도
품어 온 꿈의 통로로 잇는
무지개 그리며 어울려 살자

두드리고 튕기며 숨 모아 만드는 관현악
아름다운 교향 이루어 내듯
우리들 겸손과 인내의 마음 키워
새 하늘 새 땅을 채워 나가자

진주알로 맺힌 고통 기억하며

가슴에 멍이 든 채
보이지 않는 바닥까지 구르기도 하며
맛본 절망의 경험이
희망의 밑거름되어 오늘로 왔네
먹구름도 우리의 아우성치는
바람에 물러난
국난과 고난을 안고 온 세월이 아니던가
이제 우리 모두 함께
광장의 서로 다른 새들 모이 쪼듯 살게
숲의 크고 작은 나무들
빛 가리지 않고 어울리게
만인의 연인되어 미소를 나누는
가슴속 이름이 되어
큰 여울을 만나도 당황치 않는
늠름함으로 손에 손잡고 발맞춰
촛불 밝혀 정화수 떠놓아
비는 마음이게
진주알로 맺힌 고통 기억하며
용서와 화해로 큰사랑의 열매를 맺자

높이만큼 깊이만큼

⋮

거기 바다 있어
강은 흘러들기만 한다

움직이지 않는 산 찾아
바다는 밀려오고

산과 바다 어울리는
어디쯤에선가

안개 일어 구름으로 날며
비 내리다 눈을 쌓는다

이슥고 눈 덮은 산
눈발 안는 바다 하나 되어

산 높이만큼 깊은 바다
서로 감싼다

6.

소나기
내리는
사막 길에서

상사화相思花

지쳐 잎 마른
곧은줄기 끝에
꽃을 다는
너를 상사화라
누가 이름 주었나

떠돌던 구름 한 조각
나비 한 마리조차
떠나 버린 뒤
다시 돌아오리라는
기대 하나로

발소리 기울이듯
키만 키운 채
맑은 가을 하늘로 치솟아
바람에 묻고 별에 전하며

가슴에 피어나는 네 그림자
....
그리고 내 그리움

어느 부부 이야기

당초 형체도 없는 것이었다가
김 서려 물방울 되어지듯
조물주의 섭리로
한 방울 물방울 되어
비가 되거나 눈으로 내려
모이고 쌓여 실개천으로 흘러
강이 되고 바다 이루었다
큰바람 앞에선
각기 떠나 온 산이거나 들을 향한
그리움으로 안개로 피고
이슬로 맺혀 살바람 견디며
얼어붙던 세월 속에
꽃도 피우고 열매도 맺어
씨를 품었다
봄 같지 않던 봄
땡볕 하나 가릴 수 없던 여름
가을 되어 빈 바구니 허전하던
때를 지나면서도
겨울이면 서로 볼 비비며 의지해
저무는 길 끝에 서로를 살피는 마음
햇빛 받는 바닷결로 가슴 드러내
미워 얼었던 마음도 녹여
지금도 안개로 이슬로 피어나길 바라는
해 질 녘 길을 가고만 있다

언덕길의 수레

지금도 언덕길의 수레
그림만 보아도 가슴에 눈물 고인다
업고 이고 끌고 밀며
가난과 고난 싣고 숨차게 오르던
언덕길 개나리꽃 물들어 누렇던
얼굴에 땀방울 소금 되어도
혼신을 다해 밀어붙이던
두 바퀴는 우리의 어버이였다
눈 쌓인 빙판이거나
질퍽이는 빗길에도
끌던 손등의 핏줄 동기의 밥줄 되고
끌리던 치마 동인 허리의 끈은
우리들의 생명줄이 되었다
해 지면 달빛을 따라
큰비라도 내릴 듯 검은 하늘에
더러 몸살도 날만 한 일과를
거르지도 않고 실어 나르던 소망
어두운 등불 밑에선 기도로 이어져
우리 지금 이렇게 기름진 식탁에
둘러앉아 있는 것을……
숨 가삐 넘던 언덕길에
누가 빨아 먹고 버렸나
주스 담겼던 비닐봉지 하나
바람에 날리고 있다

오던 걸음으로 오늘을

"산은 오를수록 높아지고 물은 건널수록 깊어진다"

우리는 등반을 위해 만난 것도
피안을 향하기 위해 만난 것도 아닌
배필로 만나 삼십여 년
이인삼각이 되어 살았다

산에는 바람만 있는 게 아니었고
바다에는 파도만 있는 것 아닌
사태와 물살을 견디며
동행이 되어 걸었다

앞서거니 뒤서거니 밀고 당기며
추위에는 보듬고 더위에는 그늘 되어
봄에 피는 꽃 가을에 거두는 열매
그리며 꿈을 키웠다

한고비 넘으면 또 다가서는 앞산
겨우 급물살 건너면 소용돌이치던 여울
움켜잡은 손 놓치지 않으려 버둥치며
오르고 건넜다

높은 산에도 잔잔하던 호수
깊은 물에도 고요하던 강물
우리에게 평온을 주어
평안했고

또 넘어야 할 고비에 지치고
건너야 할 강 앞에 멀미하며
서로의 눈치를 마음의 고통으로
앓기는 얼마였던가

아픔이 되고 슬픔이 되어
가슴 감싸려 놓아버리려던
움켜쥔 손목에 힘 풀려갈 때
고뇌는 몇 번이었던가

그러나 지금 앞산에 해 기울어
머언 바다에 석양빛 잠긴
황혼길 가는 발걸음
오던 걸음으로 오늘을 간다

고모顧母의 노래
_어머니를 그리며

퍼내고 퍼내어도 차올라
가슴에 고이는
밑자락은 어디쯤 닿아있어
깊으면 깊을수록
더욱 명징明澄하게 그려지면서
그때마다 한 발짝씩 다가오는 당신

아이들 젖은 빨래를 널며
줄이 흔들려 그림자 짓는
뒤편에 서 있는 당신을
정신을 차리고 찾으면
오래도록 마주했던 얼굴로
파도의 머리 되어 달려오는
머리엔 세월을 이고 계시는 당신

오늘처럼 고달픈 날이면
눈가에 잔잔하게 번지던 미소
그리려 그리려 해보지만
자꾸 멀어만 가는 당신의
등 뒤에 하얀 거품이 인다

입춘

내 가슴 적시며
오래전에 흘러가 버린
간절하던 강물 소리 순간 오롯이 살아나
바다로 가는 밤 지샌 아침
창에 담기는 목련 한 그루
일어나 꽃들을 깨우고

부산하게 둥지를 드나는 새
물고 온 기별 알 깨는 그날
되새김하던 슬픔의 씨앗 골라
묻었던 잡초들조차 일어서는 아침
향기 날리며 땅을 덮는
목련 꽃잎에 가리우는 어제의 그늘

햇살도 어제의 볕이 아니게
풀밭 감싸 안는 날
양수 터지듯 흐르던 눈물 마르고
고통 뒤에 듣는 고고의 소리
창을 타고 넘나들며
꽃을 깨운다 꽃물을 들인다

다시 오월에

이웃집 울 넘어와
우리 집 뜰 안을 기웃거리는
긴 나뭇가지도
팔 흔들어 인사를 하고
하늘도 바람도 모두 다정한

아침 식탁의 녹차 향
집안 가득히 차 흐르며
햇살 타고 날아온 새 한 마리
온 집안에 새소리 짹짹대고
대지도 힘을 다해
꽃봉을 밀어 올리는 날

행주치마 두른 채
양지바른 잔디밭에 앉아
시집 갈피에 끼어 있는
어머니의 옛 편지를 다시 읽는다

석양

외로운 산길 따라 혼자서 걸어가다
발길을 멈추고서 먼 하늘 바라보니
가슴에 맺힌 그리움 구름 속에 묻히네

물소리 바람 소리 행여나 그 목소리
들릴 것 같다가도 보일 것 같다가도
외로움 달래려 하니 그리움만 더해지네

외롭고 험한 길을 혼자서 걸으려니
꿈속에 잠재워둔 그리움만 되살아나
풀 섶에 맺혀진 이슬 눈물 되어 흐르네

달의 마음

달의 마음은
어머니 마음
세상일에 시달려
기울었다가도
끝내 차올라
밤안개 위에
거친 바람 속에도 떠서
가슴을 채우다가
큰 산 넘을 때
다시 지쳐도
밤바다에 떠서는
외딴 섬까지도 밝히고
고궁을 지나면 한촌
거듭 강을 건너
홀로 떠서 밤을 가며
비인 방도 기웃거리며
어둠 사르는 어머니 마음

두 개의 의자

나무 그늘 안에
두 개의 의자가 마주 놓여 있다
그 하나에 앉아 세월을 본다
눈길을 주면 길게 뻗은 길 위로
무수히 쌓여지는 낙엽들
세월을 따라오고 가며
따스한 햇볕 줄기도 하고
사랑이다가 미움이다
철에 따라 앉는 이 다른데
오직 하나 당신만이
의자 등받이에 손을 짚고
등 뒤의 다른 계절을 막고 서서
바라보고 있다

가을밤에 뜨는 달

야위면 야윈 대로
풍만해지면 풍만한 대로
밤낮으로 떠서 네 부드러운 빛
맑은소리로 흘러내려
한 알 진주로 신비를 안고
색색이 물든 단풍잎에 앉아
잊혀진 꿈 깨워 옥수수에 알알이 박힌
전설이 되어 온다
은하수 머리에 두른 얼굴은 면사포 둘러쓴
여인의 기인 목에 둘린 진주목걸이 되어
영롱하게 익어가는 꿈으로 핀다
사막에도 바다 위에도
떠나온 고향 하늘에도 떠서
부드럽고 맑은 빛으로
감싸는 가을 하늘의 진주
어머니 얼굴이 되어
주위에 흩어진 별빛에 싸여
흩어진 자식들 그리듯
웃는 듯 우시는 듯 나를 비추고 있다

꽃의 변주곡

꽃은 아름답다
흔들리는 꽃은 더욱 아름답다
누굴 부르는 듯
손 흔들어 벌 불러들이는
꽃은 꿀을 품고 있다
꿀 품은 꽃, 벌을 모아
열매 맺는다

꽃은 애련하다
등불 아래 꽃은 더더욱 애련하다
달을 맞고 있는 달맞이꽃
몸 흔들어 벌을 모아도
벌은 오지 않고
마른 꽃의 열매에는
향기도 없다

꽃에는 사연이 있다
바람에 향기를 실어
아낌없는 몸짓을 보이다가도
달빛에 젖어 늘어지고
고요 속 풀벌레 소리에
몸 곧추세워 귀를 열고
그리움 끌어 담는다

어떤 약속

어느 날은 파랗게 흐르다
어떤 날엔 회색빛 되어
굽이돌아 잠겼다가
눈발을 안고 새파란 강이 되고
비 맞으며 회색으로 누워
날 저문 길 위에서 만난다
새벽에 일어나 떠나온 먼 길
되짚는 눈언저리에 피어나
번져 오르는 안개의 빛깔로
아침 길에 다시 서면
소리 없이 울며 떠나온 울음소리
얼음장 깨어지는 소리 되어
가파른 언덕을 굴러가도
그 강 함께 나란히 가는
길 위에 선 꽃과 바람
한 가닥 햇살을 맞는 이 길을
더디지 않은 걸음으로
겨울을 맞고 봄을 안으며
여름 보낸 가을에 살리

산이 강을 두르고

아침마다 오르는 마른 산
킬리만자로 자락 사이로
상쾌한 바람 스쳐

산정에 서면 너였던가
그리도 애태우던 모습
마른 어깨를 드러내고

날이 밝아오며
서서히 가슴에 차오르는
산허리 에둘러 흐르는 샘이 되고

강 건너 만나는 너는
하나의 샘이 되어
내 마음 붙들어 놓고

가까이 가면 눈 덮인 숲으로
가슴속 가슴속으로만
스며들고 있다

비가 옵니다

비가 옵니다
애타는 마음 끓듯이
비가 옵니다

비가 내립니다
애절한 마음 씻듯이
비가 내립니다

비가 흩날립니다
사무친 마음 날릴 듯
비가 흩날립니다

비가 쏟아집니다
그리운 마음 쏠리듯
비가 쏟아집니다

비가 장막을 칩니다
모든 것을 덮을 듯
비가 장막을 칩니다

비는
애타는 마음
애절한 마음
사무친 마음

그리운 마음
모든 것 덮을 듯
내려도

그 마음
끄지도
씻지도
날리지도
쏠리게도
덮지도 못하고

적시기만 합니다
젖게만 합니다

소나기 내리는 사막 길에서

높기만 하던 하늘
낮아지는 그늘 속에도
기쁨 있음 깨닫는

모래바람 씻겨간 들판에
어디에 숨어 견뎠을까
작은 새떼들 빗속을 날고

언덕이 되어 보이는
먼 산에 비친 비구름
그림자 두른 빛 더욱 밝다

평생 간직해 오던 사랑
한꺼번에 쏟아내듯
후련함이 골을 내어 흘러

사무침을 감추고 살아온
날들이 실려 떠가는
저 끝에 큰 바다 펼쳐진다

그 잠깐 사이
선인장이 저 거친 들에
왜 서 있을 수 있는가 알았다

잡초를 뽑으며
_질투의 의상

이목구비만을 갖추었다고
모두가 만물의 영장이 될 수 없는 것을……

귀는 아름다운 소리 듣기만 하고
눈으로는 볼 것만을 골라 보며
입은 열 때마다 칭찬만 쏟아내
코로는 세상 향기만 맡을 수 없는
걸러내지 못하는 소리
걸어 잠근 가슴에 쌓여
뜨고 볼 수 없는 그림 펼쳐지고
입으로 담아낼 수 없는 말들이
도무지 맡을 수 없는 냄새로 채워져 있다
그저 안으로만 다스려야 할
이런 말들까지 터져 나오는 것은
막고, 감고, 다물고, 조여 봐도
속앓이 끝나지 않아
마음을 열어 보는 것
하기야 누구도 들여다볼 수 없는 마음
꽃밭에 잡초 웃자라는 것 뽑아 가꾸듯
내 마음 다스리고자 하다가
벗겨지고 마는 한 자락 옷매무새

이런 날

새들의 날개 짓으로
어둠 밀치고 아침이 열릴 때
그이와 함께 가는 새벽길 위에서
초롱초롱 이슬을 꿰고 싶습니다

둘이서만 함께 가는 길
숲이 걸러낸 바람이
가슴을 채우는
눈빛만으로도 마음이 엉기고
이슬과 바람이 엉기는 아침

산 너머로 떠올라
바다를 덮고
산을 솟아오르게 하는
태양 빛으로
내 가슴속에 불을 지펴
따뜻한 온정 만들고
님의 가슴에 가득히 담아
그 영혼을 오붓이 안고 싶습니다

내 유성은

내 유성은 어느 곳에 정착할까요
무한한 적막이 쌓여가는 밤
울적한 마음이 밀려오는
은하의 강물 위로
유성 하나 흘러갑니다
긴 꼬리를 따라가는 내 영혼
문득 외로움이 엄습해 옵니다
지금까지 살아온 내 생의
푸른 꿈과 바다 같은 슬픔과
아픔에 소용돌이치던 세월이
은하의 안개 속에 비쳐 와서
아픔으로 빚어진 진주처럼
아린 눈물방울이 눈 섶에 맺힙니다
눈물에 어린 밤하늘은
밤바다가 되고
또 다른 유성이 한 마리 갈매기로
밤바다를 날아가고 있습니다
내 하얗게 슬픈 영혼의 새
내 유성은 그렇게 흘러갑니다

큰 바람 뒤에

밤새 바람이 불었다
초겨울 나뭇가지들이
흑백영화의 영상처럼 앙상하다
실핏줄처럼 뻗었던 전기가 끊겨
온 천지가 멍들어버린 새벽
아직 개이지 않은 바람의 끝자락
앞 언덕 학교의 깃발에 나풀거리고 있다
얼마나 많은 상채기를 남기고 갔을까
끊긴 전기 모든 소식들 물고 있는 사이
날이 밝고도 마음은 밝아지지 않은 채
어제의 어둠 속에 묻혀 있다
바람 가고 난 자리에 쓸쓸하게 엎디어 있는
풀들 사이로 어린 다람쥐 생존을 확인하듯
사시나무 가지 사이로 숨는다
바람 할퀴며 남긴 누더기 정리하는 아침
겨우 살아난 전기에 실려 오는 뉴스
더 큰 바람 온다는 소식에
창문에 못질하며 별은 볼 수 있겠지 하다
가로등이나마 살아 있기를 생각한다
바람이 어둠 거두어 가기만을 염원한다

바람

꿈을 씹으며

온몸으로 흔들고 있는

너는

어디서 와서 어디로 가는 것이냐

널 안으려는

나무의 절규를 닮은

우리

사막에 서는 하나의 모래 기둥인 것을

외롭잖은 독도

대한민국 동해바다 동쪽 땅 끝
백두대간 가지 뻗은 특정도서 제1호
장군봉, 촛대바위, 얼굴바위
우리들 한 점 살로
손 닿지 않는 안타까움
가슴에 품은 애틋함으로 지키는
경상북도 울릉군 울릉읍 독도리 산 37

일본 한 고을 시네마현은
저의들 땅 좁아 살기 힘들어
'구니비끼 : 땅 끌어 오기' 신화 만들어
'신라의 곶' 밧줄로 묶어
이즈모出雲에 끌어다 붙인
철없는 꿈 역사를 은폐하고
우리가 교토京都 귀무덤耳塚이나
요시가와吉川 문서의 코 1만 4백개 잊은 줄 안다

우리는 돌 틈에도 푸르른 난처럼
하늘을 떼 지어 나는 새들같이
자유로우리라 천연하리라
신라 지증왕으로부터 우산국으로

면면이 이어져 온 우리 땅
외로이 있어도 우리가 있어 외롭잖은 독도
독도獨島는 있어도 다케시마竹島는 없다

• 구니비끼 : 시마네현의 땅 끌어오기 신화
• 이즈모 : 시마네현의 땅이름
• 귀, 코 무덤 : 임진왜란 때 왜구들이 우리 민족을 희생시킨 숫자
• 시작노트 : 일본 지방자치단체인 시마네현이 독도가 자기네 땅이라고 조례를 정한 것을 보고 역사를 더듬으며 쓰게 됨

멀리서 듣는 숨소리

_무궁화 앞에서

언제부턴가
서쪽으로부터 오는
바람에 귀를 세우는
나

기인 소리와
한숨으로 다가오는
강과 바다 속으로
잠겨 들면

해 질 녘
동구 밖에 서 기다리시던
어머니 등 뒤에 서 있던
너

아침 이슬 머금은
얼굴조차
어머니의 눈물 되어
가슴에 고인다

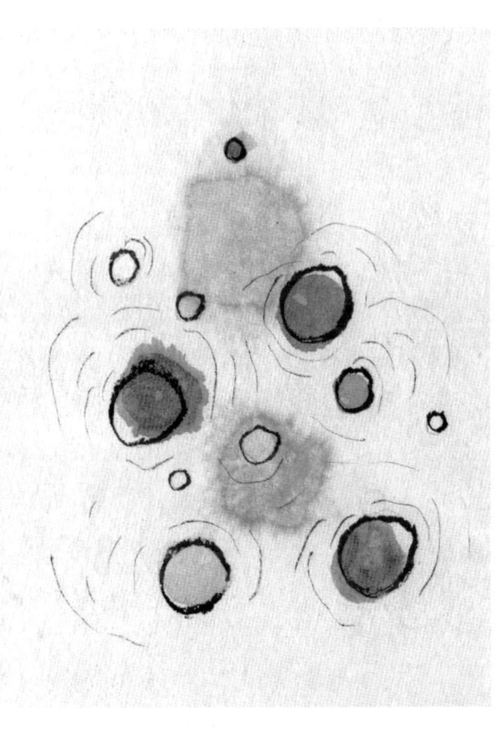

시평

죽는 날까지 그리워하고 사랑하리

이 승 하
(시인, 중앙대 문창과 교수)

이역만리에서 살아가고 있는 사람들이 있다. 한국에서는 그들을 '교포'라고 부르기도 하고 '동포'라고 부르기도 한다. 이민을 간 사람들을 '이민 1세대'라고 한다. 그들과 함께 간 어린아이들은 한국어를 배우다가 외국에 갔으므로 정체성의 혼란을 겪고 외국어 습득에도 어려움을 겪지만, 곧 미국사회에 적응하여 영어를 모국어처럼 구사하게 된다. 이들을 '1.5세대'라고 일컫는다. 미국에서 태어난 아이는 '이민 2세대'가 된다. 이들에게는 영어가 모국어가 된다. 집에 오면 한국어로 말하는 할아버지와 할머니가 낯설게 느껴진다. (집집마다 사정은 다르겠지만) 부모와도 점점 더 영어로 대화하게 된다. 이민 3세대가 되면 피부색은 한국인이지만 언어도 사고방식도 미국인이 된다. 나의 할아버지 세대, 나의 부모 세대, 내 또래들, 내 자식의 세대, 내 손자의 세대. 이민 사회의 구성원은 이렇게 세대 간 간

극이 있다. 게다가 모국어를 원활히 구사하는 세대와 잊지 않고 있는 세대와 잘 모르는 세대와 영 모르는 세대 간의 격차는 대화의 단절만이 아니라 사고의 단절, 이해의 단절을 가져온다.

미국으로의 이민은 중국 만주나 연해주(이주 시에는 러일전쟁의 승리자인 일본의 조차지였지만 제2차 세계대전의 승전국인 러시아 땅이 된다), 일본에 비해서는 좀 늦게 시작되었지만 한국전쟁 휴전 이후 폭발적으로 증가, 지금은 근 200만에 달하는 재미교포가 미 대륙과 캐나다에서 살고 있다. 그들의 나날은 마냥 행복할까? 그렇지 않을 것이다. 그래서 이민을 간 해가 1950년대이든 2000년대이든 펜을 들어 글을 쓰게 되었다고 본다. 문학은 결핍과 방황과 고뇌의 산물이므로.

석정희 시인은 가족과 함께 이민을 간 이후, 〈Skokie Creative Write Association〉에 영시를 발표함으로써 등단한 시인이 있다. 1980년대에 〈미주동아일보〉 〈미주중앙일보〉 〈미주한국일보〉 등에 시를 발표하면서 미주 문단에 이름을 알리기 시작한 석정희 시인은 한국의 계간 『크리스천문학』과 『창조문학』 신인상 공모에 당선함으로써 한·미 양국에서 '시인'이라는 타이틀을 갖게 된다. 2014년에 제4시집 『엄마 되어 엄마에게』를 냈는데 그간 받은 상이 한두 개가 아니다. 한국농촌문학상 해외특별대상, 한국문학예술상, 금강문학상, 대한민국문학상, 에피포도예술상 문학상, 세계시인대회 고려문학 본상 등 국내·외적으로 많은 상을 받게 되었다는 것은 시인의 모국어 사랑이 많은 사람의 호응을 받게 되었기 때문일 것이다.

떠돌던 먼 나라의 설움에
눈물 섞어 안고
나 여기 와 있습니다

어둠 속 머언 발치서
아직 꺼지지 않은
불빛을 따라

나 여기 와 있습니다

―『문 앞에서』 후반부

여기서 "떠돌던 먼 나라의 설움"은 떠나온 고국에서의 설움을 말하는 것이 아닐까. 새로운 세계인 미국에 가서 보금자리를 꾸미고, '아메리칸 드림'을 이루고자 시인의 가족도 비행기를 탔을 것이다. 달리 생각하면 '문'은 구원의 문이다. 신앙심 없이 살아가던 미혹의 세계, 미망의 세계에서 교회의 문을 두드려 신앙의 세계로 들어가게 됨을 말하고 있다고 볼 수도 있다. 그러니까 이 시는 석정희 시인의 시 세계가 두 개의 큰 좌표 위에 형성되고 있음을 말해주고 있다. 하나는 떠나온 고국에 대한 그리움과 먼 거리가 주는 아쉬움 등이다. 또 하나는 자신의 신앙 세계를 언어로 펼쳐 보여주는 것이다.

해와 달 받들어
가슴으로 피는 꽃
비바람 거칠어도
맑게 씻은 얼굴
우리들의 혼 깃든
겨레꽃 무궁화여
푸른 꿈결로 번져
뜨거운 숨결 되어
삼천리를 채워라

-『무궁화 1』 전문

대한민국의 국화인 무궁화를 노래한 시다. "우리들의 혼 깃든/ 겨레꽃 무궁화여"라는 구절을 보아 시인은 자신의 정체성을 '미국인'이 아니라 '한국인'으로 보고 있음을 알 수 있다. 시인의 지금의 국적은 미국일 것이다. 시민권자인지 영주권자인지 모르겠지만, 분명한 것은 세금을 한국이 아닌 미국에 내며 살아가고 있다는 것이다. 그럼에도 불구하고 "겨레꽃 무궁화여/ 푸른 꿈결로 번져/ 뜨거운 숨결 되어/ 삼천리를 채워라" 하고 노래하고 있으니, 이것이 어찌 미국인이 쓴 시란 말인가. 태평양을 사이에 두고, 비행기를 타도 10시간이 더 걸리는 이역만리에서 살면서도 시인은 자신을 한국인과 동일시하고, 한국인의 입장에 서서, 그리고 한글로 무궁화에 대한 시를 쓰고 있는 것이다.

앞서 언급했듯이, 또 하나의 시 세계는 신앙의 세계다.

엎디어 드리는 기도 끝에
빛을 주시는 그 님
가는 길에 흰 양탄자 깔아주시고

삶에서나 꿈에서라도
그 길로만 가라 이르시어
새벽 기다려 운다

–『새벽을 기다리며』 끝부분

'그 님'은 내가 가야 할 길을 인도해주는 분이다. 화자는 한때 "어둠에 갈 길이 묻혀/ 두려움에 끌려가는 길"을 가고 있었다. 그런데 나를 인도해주는 분이 있어서 밝은 길, 바른길로 가게 되었다는 것이다. 그래서 고마움에 "새벽 기다려 우"는 것이니, 감사의 울음이요 감격의 울음이다. 참된 신앙이란 그저 밤낮없이 기도하면서 나와 내 가족의 복을 비는 것이면 안 된다.

비록 작은 그릇이 되어도
항상 이웃을 위해 쓰이게 하시고
어디서나 필요한 그릇되게 하시며
목마른 이들에겐

생수 담은 해갈의 잔이 되어
언제나 주님의 손에 들려 있는
작은 그릇으로 빚으소서

–『녹로 위의 흙 한 덩이』 끝부분

성경의 예레미아서 18장의 내용을 예로 든 이 시에서 시인은 타인을 위해 쓰임새가 있는 사람이 되게 해달라고 신에게 간구하고 있다. 여호와가 예언자 예레미아에게 "내가 모태에서 너를 만들기 이전에 이미 나는 너와 할 일을 계획해 놓았었다. 네가 이 세상에 태어나기도 전에 나는 이미 너를 구별해 세계 만민을 위한 예언자로 선정해 놓았다."고 말한 것처럼 시인도 부름을 받으면 언제라도 응하겠다고 다짐하고 있다. 시인에게 인생행로란 나그네 길이다. 문제는 이 길을 혼자서는 갈 수 없다는 것. 누군가와 함께 가야 하는 길이다.

둘이 아니면 갈 수 없는
너와 나의 길
만들어 가야 하네
세상에서 만난
사랑 하나로 손잡은
사랑 나그네
너도 나그네
나도 나그네

–『사랑 나그네』 끝부분

나그네는 나그네지만 "세상에서 만난/ 사랑 하나로 손잡은/ 사랑 나그네"이므로 외롭지 않다. 이 시에서 '너'가 누구인지 명확하게 말하고 있지는 않지만 분명한 것은 사랑하는 사람이라는 것이다. '너'가 꼭 한 사람일 필요는 없다. 연인, 남편, 부모, 자식, 동료……. 좁혀서 보면 가족이고 넓혀서 보면 이웃이다. 부제가 '남편 병간호하면서'인 『어느 해 여름날』을 보면 너는 남편이고 『엄마 되어 엄마에게』를 보면 너는 어머니와 자식이다.

나 눈을 감고 있어도
너 거기 그렇게 살아 있어

나 한때도 머물지 않고
널 향해 가고만 있다

네가 나무라면
나는 숲 속에 갇혀 있고

너 서 있는 그늘에
나 쉬고 있다

-『나 그리고 너』 후반부

이 시에서도 나와 너는 서로가 서로에게 끌리는 존재다. 헤어져 있다가도 만나게 되고, 만나면 안식을 주고 위안을 준다. 물론 언제나 좋기만 한 것은 아니다. 갈등도 겪고 상처도 준다. 하지만 결국에는 "너 서 있는 그늘에/ 나 쉬고 있"으니 나는 너에게, 너는 나에게 없어서는 안 되는 존재인 것이다. 한자 사람 人자를 보라. 두 존재가 서로에게 기대고 있는 형상이 아닌가.

죽음에서 다시 태어나
다른 세상을 살게 되어도
우리는 한 길을 가야지
아픈 얼굴도 슬픈 마음도
보이지도 들리지도 않게
거기서도 함께 할 사람
세상의 끝에서 만난 영혼으로
꽃잎 진 자리에 열매로 남아
달빛을 한껏 담아야지
여기서야 기껏 한 백년
거기서는 두려움도 걱정도 없는
영생 누리며 안식해야지

–『사랑한다면』 전문

기독교인이 아니면 쓸 수 없는 시다. 기도문에 나와 있는 그대로, 사후가 끝이 아니라 시작이라는 확신을 갖고 남은 생을 가족과 이웃을 사랑하며 살아가겠다는 다짐이 느껴지는 시다. 이런 생각이 극명하게 나타나 있는 시가 『강』이다.

널

건너에 두게 하는 강

난

그 강을 건너고 싶다

-『강』 전문

석정희 시인이 꿈꾸는 삶이란 사람과 사람이 만나 사랑하고 화합하고 연대하는 삶이다. 기독교의 본 정신도 그럴 것이고 이슬람교도 그럴 것이다. 그런데 지난 70년 내내 중동에서는 전화戰火가 꺼지질 않고 있다. 석 시인처럼 아주 소박하게, 선량하게 살아가고자 하는 사람을 신은 사랑할 것이다.

대체로 석정희 시인의 시는 따뜻하다. 이 세상의 비극적 상황은 『아버지 집은 따뜻했네』의 "신문지 깔고 누운 노숙자들/ 잠이 들면 옛꿈이 보일까"에서 확인할 수 있지만 이런 시는 거의 없다. 그저 따뜻하고 포근하다. 인간의 생로병사를 다룰 때도 애잔하지 비통하지는 않다. 앞으로는 조금은 긴장된 마음으로 인간 세상의 아픔과 슬픔을 보듬을 줄 알았으면 한다. 그리고, 일상 시 내지는 생활 시가 많이 보여 미국에서의 삶의 양태를 조금은 파악할 수 있기를 바란다. 시인은 멀고 먼 미국 땅에서 살고 있고 나는 한국 땅에서 살고 있기 때문이다.

저자 약력(Profile)

蘭石 석정희

SUK, CHONG HEE

- Skokie Creative Writer Association 영시 등단
- 한국 『크리스천문학』과 한국 『창조문학』 시 부문 신인상 수상
- 미주시문학회 '산이 강을 두르고' 시 부문 장원
- 한국문인협회 회원
- 국제 PEN 한국본부 회원
- 한국문협미주지회 회원
- 한국문학예술진흥회 상임 이사
- 한국해외문화교류회 미주지회 이사
- 한국 POSTMODERN 편집위원 LA
- 한국신춘문예협회 LA 본부장
- 국제시인사전에 등재 세계시인대회 고문
- 미주크리스천문협 사무국장 역임
- (현)재미시인협회 부회장
- 미주한국문협 이사
- 미주한국문협 편집국장 역임

- 〈한국농촌문학상〉 해외특별대상 시 수상
- 〈한국문학예술상〉 시 부문 수상
- 〈금강문학상〉 시 부문 수상
- 〈대한민국문학대상〉 시 부문 수상
- 〈에피포도예술상〉 문학상 시 본상 수상
- 〈재미시인협회〉 공로상 수상
- 〈세계예술문화아카데미〉 세계시인대회 고려문학 본상 수상

- 2000년 『Alongside of the Passing Time』 영시집 5인 공저
- 2001년 『Sound Behind Murmuring Water』 영시집 4인 공저
- 2008년 제1시집 『문 앞에서』 (In Front of The Door) 한영 시집
- 2010년 제2시집 『나 그리고 너』 · 가곡집 『사랑 나그네』
- 2011년 제3시집 『The River』 (강) 영문 시집
- 2014년 제4시집 『엄마 되어 엄마에게』
- 2016년 시선집 『아버지 집은 따뜻했네』

E-Mail : sign7006@hanmail.net

Tel : 323-385-5332